COLLECTION DIRIGÉE
PAR
LAURENCE PERNOUD, DANIELLE RAPOPORT, AGNÈS GRISON

Dans la même collection

DÉSIR D'ENFANT, REFUS D'ENFANT, ouvrage collectif sous la direction du professeur Frédéric Charvet.

L'ENFANT ET LES SORTILÈGES DE LA MALADIE, Dr Simon-Daniel Kipman.

ENFANTS EN SOUFFRANCE

Françoise Dolto
Danielle Rapoport, Bernard This

Enfants en souffrance

Marguerite Brown de Calstoun
René Clément Bernard Goudet
Marc Grabarsky Pierre Limousi
Marthe Weiller-Bondon

Stock Laurence Pernoud

Sommaire

L'ENFANT ET SA FAMILLE DANS LA CITÉ

A PROPOS DE SÉPARATIONS

Remerciements

Nous tenons à remercier le Conseil d'administration de l'A.N.P.A.S.E. et tous nos collègues de la Commission nationale d'études sur la Petite Enfance qui ont participé à la préparation du congrès de Bordeaux.

Enfants séparés, enfants en souffrance…

Ce livre est un réquisitoire. Parfois insupportable. Mais il fallait le faire car il nous concerne tous.

De tout temps, la société s'est préoccupée de la prise en charge et du devenir des enfants abandonnés ou orphelins pauvres par l'intermédiaire d'institutions charitables, et tout d'abord les hôpitaux qui accueillaient une grande partie de l'enfance errante au même titre que les mendiants, les vieux et les malades nécessiteux. On sait que c'est saint Vincent de Paul qui, en 1638, donna la première forme moderne d'organisation à cette action sociale en faveur de l'enfance démunie en fondant l'Œuvre des enfants trouvés, qui deviendra plus tard l'Assistance publique, puis de nos jours l'Aide sociale à l'enfance, connue le plus souvent sous le sigle d'A.S.E. Elle concerne plus de cinq cent cinquante mille enfants, soit 3,5 p. 100 de la population de moins de vingt ans, et son budget était, en 1980, de dix milliards de francs actuels. Constituant un service administratif qui fait partie des D.D.A.S.S. (Directions départementales des affaires sanitaires et sociales), l'A.S.E. dispose de moyens d'action nombreux et variés, qui vont de l'attribution d'aides financières aux familles en difficulté jusqu'au placement des enfants dans des familles d'accueil ou des établissements publics ou privés, en passant par l'intervention de travailleurs sociaux auprès de la famille ou de l'enfant : assistante sociale, éducateur, travailleuse familiale...

On estime actuellement à deux cent mille le nombre des enfants placés hors de leur famille, dont dix mille de moins de trois ans transitent chaque année dans les pouponnières. Ainsi, chaque année deux cent mille enfants sont en danger dans leur famille pour des raisons diverses. Ces raisons sont connues, dénombrées, répertoriées : enfants victimes de mauvais traitements ou vivant dans des conditions de négligence affective et de sous-éducation graves pour leur avenir. Heureusement, se dit-on soulagé, l'État est là pour sortir ces enfants du danger, les aider, les prendre en charge, par l'intermédiaire de l'Aide sociale à l'enfance. En effet, c'est essentiellement pour ces deux cent mille enfants que l'A.S.E. doit trouver des moyens d'assistance. Ultime recours lorsque la famille, à des titres divers, se révèle défaillante, l'A.S.E. a non seulement pour tâche de subvenir aux besoins de ces enfants en assurant leur prise en charge matérielle, mais il lui appartient surtout de remplir à leur égard la tâche éducative qui revient normalement à la famille — tâche que, dans ce cas, la famille se trouve dans l'incapacité partielle ou totale d'assumer.

Lourde responsabilité lorsqu'on sait que, malgré les efforts financiers et les immenses moyens d'action mis en œuvre, certains constats d'échec se font jour de toute part : *l'évolution de ces familles, les souffrances vécues par ces enfants, les adultes qu'ils deviennent souvent ne peuvent qu'inquiéter*. Tâche difficile lorsqu'on sait que, de génération en génération, se répètent ou se reproduisent ces phénomènes dits d' « inadaptation sociale » qui semblent se transmettre sous la forme apparente d'une pseudo-hérédité !

Limiter les effets de souffrance que vivent ces enfants du fait de parents eux-mêmes en difficulté ne suffit plus, puisqu'il est nécessaire que cette souffrance ne devienne pas la marque d'une fatalité irréductible, empreinte ou blessure définitive, et ne se transmette plus à la descendance dans un « ratage familial » sans cesse reproduit — les mêmes causes entraînant les mêmes effets, dans une chaîne sans fin. Il va s'agir pour les professionnels responsables de ces problèmes et les personnels des institutions de permettre à ces enfants « pris en charge » de devenir plus tard ce que, pour des raisons multiples, leurs propres parents n'ont pu être avant et avec eux : des personnes autonomes, capables d'exister individuellement et socialement à part entière, comme adultes hommes ou femmes capables d'assumer les conséquences de leur sexualité dans sa possibilité de donner la vie, et de remplir vis-à-vis de leurs enfants leur rôle éducatif de père ou de mère responsable.

Dès lors, quels moyens mettre en place pour que cessent de se transmettre les mêmes souffrances et les mêmes handicaps? Comment éviter que les mécanismes de l'Aide sociale à l'enfance ne fassent d'elle ce que l'on constate trop souvent : une « machine à violences » pour l'enfant — *violence des séparations inutiles, des placements et des déplacements mal préparés, des mesures et des décisions non parlées qui mutileront son devenir et sa mémoire?* Comment faire pour que ces enfants déjà meurtris ne deviennent, du fait de l'A.S.E., des enfants en souffrance, en souffrance de leur histoire et du sens à pouvoir lui donner, aussi morcelée soit-elle? Comment éviter qu'un système d'aide et de prévention ne se transforme en un système d'assistance généralisée, sinon en système policier? Car cette institution, dont nous allons voir les rouages, va agir très souvent *contre* cet enfant, pour lequel elle croit pourtant remplir sa mission : elle va le broyer, l'ignorer, l'écraser soit par son inertie, soit au contraire par une activité désordonnée, mal orientée, excessive, ou simplement maladroite. Des remèdes, bien sûr, il y en aurait, mais lorsqu'on les envisage, on voit que c'est l'institution elle-même qui est en cause, qu'il faudrait repenser autrement, sur d'autres plans, avec d'autres projets. Sur le fond enfin, bien des questions restent encore en suspens. Que faire d'un enfant qui souffre dans sa famille? L'y laisser et les aider, lui et elle, là où ils sont, pour le présent et pour l'avenir? Car aider un enfant loin de sa famille, c'est enclencher l'engrenage du déchirement, c'est souvent les condamner à la séparation perpétuelle. C'est parfois la seule solution, au moins momentanée. Alors, où? Quand? Comment? Et pour combien de temps?

Étudier au plus près les perspectives ouvertes par ces questions, tel a été le programme proposé par l'Association nationale des personnels de l'Aide sociale à l'enfance (A.N.P.A.S.E.) [1], dans le cadre d'un congrès tenu à Bordeaux en avril 1980, réunissant mille trois cents spécialistes de la petite enfance — travailleurs sociaux, médecins, psychologues, psychanalystes, sociologues — autour du thème « Les enfants de moins de six ans et l'A.S.E. : objets de soins et de mesures, ou personnes en devenir? » Il n'était pas possible d'en retranscrire la totalité des travaux, mais l'importance des interventions, l'intérêt que suscitèrent les échanges et les débats de ce congrès témoignent que ce problème touche un public plus vaste que celui des seuls spécialistes.

Il est clair, en effet, que la façon dont une société se préoccupe de colmater le « ratage familial » et vient en aide aux enfants en souffrance de famille, les moyens qu'elle se donne et les représentations qu'elle se fait de sa mission sont significatifs de sa conception entière de la famille et de l'enfance. L'A.S.E. fonctionne ici comme un miroir grossissant où viendrait se refléter avec une évidence parfois aveuglante le sort que réserve à l'enfance, dans la plus parfaite bonne conscience, l'ensemble de notre monde d'adulte. Car que fait-on dans la Cité pour l'enfant et sa famille? Quel accueil leur réserve-t-on dans les maternités? Quel mode de garde fournit-on à l'enfant lorsque ses parents travaillent? Quels lieux d'échanges et de rencontres leur offre-t-on?

1. 93, rue d'Esquermes, 59000 Lille. Sur ce qu'est l'A.N.P.A.S.E., ses objectifs, ses réalisations, voir p. 229.

Dans son grand renfermement, l'enfant de l'A.S.E. apparaît bien comme le symptôme révélateur des carences de notre propre société, et nous permet de vérifier, parfois cruellement, tout ce que les sciences humaines nous apprennent depuis plus de quarante ans : l'importance fondatrice des premières années de la vie dans la construction de la personnalité de l'adulte comme parent à venir ; l'enjeu des séparations auxquelles tout parent, tout éducateur, tout adulte est nécessairement confronté dans sa relation à l'enfant ; que celui-ci, enfin, est avant tout un être de communication et de langage. Et il nous renvoie à la part d'enfance en souffrance qu'il y a en chacun de nous...

Qu'ils soient dans l'A.S.E. ou dans la Cité, ces enfants-là nous concernent bien tous...

René CLÉMENT, Marthe WEILLER-BONDON,
et Danielle RAPOPORT.

L'enfant et sa famille dans l'Aide sociale à l'enfance

Objets de soins et de mesures... ou personnes en devenir ?

René CLÉMENT *

C'est donc ce titre un peu baroque qu'avait choisi la commission « Petite Enfance », chargée de préparer le congrès de l'A.N.P.A.S.E. [1] qui s'est tenu à Bordeaux en avril 1980. Or ce titre, c'est une question. Une question qui nous a semblé résumer assez bien la conviction que l'enfant, et tout particulièrement le jeune enfant, devenait en quelque sorte une victime des mesures prises pour lui, plutôt que l'heureux bénéficiaire d'une aide assumée justement par « l'Aide sociale à l'enfance », aide qu'un milieu familial naturel défaillant n'était plus en mesure de lui apporter seul. Pourquoi cette difficulté à reconnaître à l'enfant « de l'A.S.E. », qu'il est autre chose qu'un petit animal à assister, qu'il est comme les autres enfants un sujet singulier, doté d'une histoire qui lui est propre et qui ne commence pas au moment de son admission dans le service? Si en tant qu'usager il est l'objet de nos soins ou des mesures qu'on peut prendre « pour lui » en tant que personne, sujet humain à part entière, sa réalité d'être vivant n'est pas épuisée par les approches professionnelles que nous en avons. Finalité de notre travail, objet du travail social, l'enfant, contrairement à ce que nous pouvons penser consciemment ou inconsciemment, déborde en tant que personne

* Psychologue attaché à la D.D.A.S.S. des Hauts-de-Seine, psychanalyste.

1. Voir p. 229.

les représentations que nous en avons. Il ne se réduit pas à la somme de nos sollicitudes ni des interventions que nous pouvons avoir dans sa vie.

Sujet ou objet? Cette alternative, voire cette contradiction, n'est pas le fait de la seule Aide sociale à l'enfance : nous la retrouvons agissante dans tous les secteurs de pratique sociale où il est question d'enfants : la Protection maternelle et infantile, l'Hygiène mentale, mais aussi l'école... Si ce fameux Service unifié de l'enfance [1] a tant de mal à naître, c'est peut-être parce que, justement, ces objets de soins et de mesures que représentent les enfants ne coïncident pas d'une « boutique » à l'autre! Nous ne parvenons pas à considérer ensemble, et dans sa totalité, l'enfant comme personne en devenir. Mais, il ne suffit plus de constater l'ampleur de ce phénomène de méconnaissance de l'enfant. Il faut s'interroger sur le pourquoi et le comment d'un tel état de fait, qui existe à l'échelle de l'institution entière de l'A.S.E., et ce, malgré la bonne volonté des individus qui assistent, impuissants, à une sorte de pervertissement inéluctable des finalités de leur travail.

L'AIDE SOCIALE A L'ENFANCE : MACHINE A VIOLENCE POUR L'ENFANT

L'Aide sociale à l'enfance est avant tout une vaste machinerie administrative aux rouages nombreux et

1. Service unifié de l'Enfance (S.U.E.) : une directive générale en date du 25 mai prévoyait dès 1969 la coordination et le regroupement des services compétents en matière d'enfance au sein des D.D.A.S.S. (Directions départementales des affaires sanitaires et sociales). Il était ainsi prévu que devaient collaborer, dans le cadre d'un service unique : Aide sociale à l'enfance, Protection maternelle et infantile, Santé scolaire, Enfance inadaptée et Hygiène mentale infantile. Malgré les instructions du 21 mars 1972 et la circulaire du 15 octobre 1975, la mission mandatée par le ministère de la Santé pour étudier la mise en place du S.U.E. à travers les départements aboutissait en 1980 à un constat de carence à peu près totale, sinon d'échec quant à sa mise en place.

complexes, créés le plus souvent au coup par coup, en fonction de besoins parcellaires et hors de toute vision d'ensemble de l'économie du système[1]. Il est très intéressant de remarquer que c'est grâce à l'ordinateur et aux quantifications statistiques que l'on va enfin pouvoir apprécier — au moins quantitativement — les effets des politiques... ou des absences de politique menées ici ou là. Dans l'état actuel des choses, seule une machine peut rendre compte du travail de la machine A.S.E. : les D.D.A.S.S. n'ont pas pu, ni su, mettre au point un projet départemental cohérent permettant d'évaluer aussi *qualitativement* les effets de la prise en charge des enfants confiés[2]. Cette situation est grave, dans la mesure où, machine à gérer des situations, l'Aide sociale à l'enfance est aussi machine à décider, à agir dans le réel, machine à trancher dans la vie des enfants dont les parents sont trop défaillants pour en assumer la responsabilité. *De par son morcellement même, l'A.S.E. ne peut être que machine à violence faite à l'enfant.* Le terme choque parce qu'il s'agit parfois de violences inévitables. Mais c'est surtout notre incapacité à les prendre en compte et à les aménager qui les rend traumatisantes et doit être dénoncée.

Il est vrai, et ce n'est qu'un exemple parmi tant d'autres, qu'un enfant n'est administrativement reconnu en tant que personne qu'au moment de sa majorité : jusque-là, officiellement, il n'existe pas en tant qu'interlocuteur. Le premier et le seul échange de correspondance qui se fera entre l'Institution et lui, le seul écrit qui lui sera nommément adressé et auquel il aura à répondre en son nom propre, se fera à dix-huit ans, lors de sa demande de prolongation de prise en charge... au moment où il ne fait virtuellement plus partie des

1. J.-L. Bianco & P. Lamy, *L'Aide à l'enfance demain,* Études et Documents publiés par le ministère de la Santé et de la Sécurité sociale, 1980.

2. M. Paillat, « Vers un projet pédagogique », in *L'Aide... sociale à l'enfance?* Questions, chap. VI, E.S.F., 1980.

effectifs! Détail qui pourrait n'être qu'administratif s'il ne permettait toutes les décisions et toutes les mesures qui, au fil des années, aggraveront la dépersonnalisation de ces enfants. Cela électivement pour les plus jeunes.

Nous ne demeurons pas identiques à nous-mêmes selon que nous avons affaire à des enfants plus ou moins âgés, plus ou moins capables de se faire reconnaître par nous comme interlocuteurs. Lorsque nous avons affaire à des parents qui se veulent malgré tout présents, ou à des familles d'accueil qui revendiquent de participer à part entière, ou encore à des adolescents qui nous font savoir, au besoin par leur comportement « caractériel », qu'ils entendent compter dans nos décisions, nous avons du mal à exercer cette toute-puissance que nous portons tous en nous. Mais il en va tout autrement avec les jeunes enfants, surtout lorsque leurs parents sont incapables d'assumer leur rôle d'éducateurs. Nous prenons alors des mesures qui vont engager des vies entières, et ces décisions, nous les prenons impunément. Impunément pour nous, bien sûr, sans que soient en cause ni notre bonne foi ni nos compétences professionnelles.

Car cette violence que nous exerçons sans le vouloir, et le plus souvent sans le savoir, elle s'exerce aussi sur nous : la machine A.S.E. nous détermine et induit nos décisions sans même que nous nous en rendions compte. Pris dans un système morcelé et morcelant, dépendant d'autres rouages en amont et en aval, nous sommes rarement maîtres des conséquences des actes professionnels que nous posons.

Aussi le jeune enfant est-il une victime toute désignée de cette violence interpersonnelle et institutionnelle, contre laquelle il ne pourra pas, lui, se défendre... si ce n'est à coups de symptômes somatiques et/ou caractériels. On sait le mal que nous avons à les décrypter, dans l'incapacité où nous sommes de faire la part chez l'enfant de ce qui revient à son histoire, le plus souvent traumatisante, et de la violence actuelle qu'il subit, de notre fait. Violence qu'on ne peut qualifier exclusivement de « symbolique », puisqu'elle s'incarne dans le passage à l'acte de décisions bien concrètes.

Il y a d'abord les placements dans ces pouponnières hypermédicalisées et sous-équipées, qui ne sont pas des survivances d'un temps dépassé [1], comme en témoignent les enquêtes récentes du ministre lui-même. Lieux aseptisés et dépersonnalisants, où l'enfant n'est considéré que comme organisme à entretenir et à préserver des microbes, lieux où le personnel, de plus exclusivement féminin, n'a aucun moyen pour aider l'enfant à exister dans son désir de vie autrement que comme tube digestif, lieux où les parents, incapables de se plier à la rigidité des horaires ou des règlements, sont vécus comme des intrus, qu'on prépare mal ou pas du tout à un départ de l'enfant vers une famille d'accueil — comment de tels établissements peuvent-ils mettre en place un projet de vie tenant compte d'une dynamique familiale perturbée et des géniteurs de l'enfant?

Il faudrait ici interroger le passé médical de l'Aide sociale à l'enfance. Avant d'être sociale, l'action était avant tout sanitaire. L'ancien département de la Seine, par exemple, expédiait au grand air et chez de braves nourrices paysannes les petits cas sociaux dont on avait décidé qu'ils pourraient valablement profiter — telles des plantes — d'un ensoleillement suffisant et d'un bon allaitement. Violence collective naïve faite à l'enfant au nom de son bien, et qui a assurément abouti à une baisse de la mortalité infantile.

Nous aurions tort de nous donner facilement bonne conscience en nous moquant de ces pratiques ou en considérant ce passé comme révolu. Nous en gérons allègrement les conséquences lorsque nous continuons, de façon larvée, cette déportation d'enfants en province sous le couvert, cette fois, de justifications pseudo-psychopédagogiques, du style « éloignement d'un milieu

1. *Enfants en pouponnière demandent assistance,* film réalisé par J. Lévy et D. Rapoport, S.F.R.S., 1977.

familial pathogène ». Le récent rapport *L'Aide à l'enfance demain*[1] dénonce lui-même ces « filières de placement », reprises cette fois à leur compte par certains placements judiciaires, et qui sont des survivances de ces placements sanitaires à la campagne. Faute d'une évaluation précise de ces pesanteurs encore agissantes — datant de la préhistoire du travail social, nous demeurerons longtemps encore prisonniers de comportements professionnels qui aboutissent de fait à nier la vie psychique de l'enfant.

C'est peut-être à propos des questions d'adoption[2] que la violence du système et les dégâts psychiques qu'il entraîne pour le jeune enfant se donnent à lire de façon tout à fait manifeste, avec cette lancinante invocation du secret érigé en dogme — butée contre laquelle vient se briser toute interrogation ou toute mise en question de nos pratiques. Qu'en est-il des aspects légaux, et qui protège-t-il, ce fameux secret, lorsque c'est le plus souvent le mensonge qui vient en tenir lieu? C'est en termes d'*euthanasie amnésique*, voire de *lobotomie mentale*, qu'il faudrait parler de nos actuelles pratiques d'adoption. Que de drames et de souffrances inutiles créons-nous en déplaçant systématiquement l'enfant, devenu adoptable, de chez la famille d'accueil, qui l'a souvent élevé depuis qu'il est tout bébé, pour le placer ailleurs — quand ce n'est pas au foyer de l'enfance — pour qu'il puisse ainsi se refaire une « virginité historique », sous couvert de « déconditionnement »! *Ces blancs, ces ratures de l'histoire de l'enfant, ces « trous » que nous opérons quasi chirurgicalement dans sa vie, en mutilant sa mémoire* semblent aller dans le sens du désir des parents adoptants. En fait, ils grèveront lourdement l'avenir, pour l'enfant comme pour ses parents, en plaçant ainsi l'adoption, avec notre complicité, dans le registre de l'Immaculée Conception.

1. J.-L. Bianco & P. Lamy, *L'Aide à l'enfance demain*, op. cit.
2. Voir p. 83.

On pourrait citer aussi toutes les violences faites à l'enfant lorsque nous le considérons hors de sa problématique familiale, coupé de ses père et mère, comme si ceux-ci n'étaient pas intériorisés par lui.

Mais toutes ces violences psychiques, symboliques aussi bien que réelles dans nos actions quotidiennes, nous ne les dénonçons pas pour accumuler une mauvaise conscience et nous culpabiliser. Il s'agit de les recenser dans le but, si possible, d'en limiter les effets et de les mieux interroger dans le ressort profond qui les motive, qui est peut-être à chercher ailleurs que dans l'Aide sociale à l'enfance. Cette violence institutionnalisée de la machine A.S.E. ne refléterait-elle pas celle inhérente à toute relation adulte-enfant dans notre société, l'une venant en quelque sorte redoubler l'autre?

LE RAPPORT DE VIOLENCE ADULTE-ENFANT DANS NOTRE SOCIÉTÉ

Les travaux des historiens, comme ceux des ethnologues, nous permettent de soutenir que les rapports entre classes d'âge — et donc la place de l'enfant dans la structure familiale et les générations — varient considérablement d'une société à l'autre, et changent dans une société donnée en fonction du moment historique considéré. Tout se passe chez nous comme si, dans notre société occidentale post-industrielle, l'enfant n'avait pas vraiment statut d'être humain à part entière avant le fatidique « âge de raison ». Ainsi considéré sous l'angle de cette seule « raison » à laquelle il n'aurait pas encore accès, l'enfant se voit dénier, dans nos mentalités conscientes et inconscientes, ce statut d'animal raisonnable qui caractérise notre humanité d'adultes.

Ce qui est valable pour l'enfant jusqu'à sept ans, l'est a plus forte raison pour le tout jeune enfant, pour le bébé, qui ne parle pas, ou plutôt qui ne maîtrise pas encore sous la forme de parole ce langage, reconnu généralement comme le « propre de l'homme ». Le mot « enfant » signifie d'ailleurs bien, étymologiquement, *infans*, « qui ne parle pas ». Ni être parlant, ni être raisonnable, le jeune enfant peut donc être renvoyé de fait à un statut proche de la seule animalité, dans lequel il n'y aurait ni psychisme ni inconscient. Ainsi pourrait-il supporter, sans conséquence dommageable pour son épanouissement et son avenir, tous les placements et déplacements que nous, adultes, estimerions bons pour lui, ainsi que toutes les incohérences et les « ratages » de nos prises en charge successives.

Notre société, toute centrée sur l'adulte, va se trouver incapable de penser la différence spécifique qui fait qu'un enfant, dès sa naissance et même avant, est un être humain à part entière, capable de sensibilité, de souffrance et de mémorisation des traumatismes, et par conséquent particulièrement fragile. C'est ainsi qu'on pourrait en partie mieux comprendre cette « violence ordinaire », banale dans sa quotidienneté, qu'exerce le monde adulte sur le monde de l'enfance, et dont l'absence d'accueil non traumatisant pour le nouveau-né à sa venue au monde n'est qu'un exemple. Mais cette violence, qu'on pourrait parfois dire passive et mécanique, n'épuise pas fondamentalement cette ambivalence dont tout être humain semble être porteur vis-à-vis du très jeune enfant. Tout se passe comme si l'extrême dépendance du bébé par rapport à son environnement, son incomplétude et sa détresse étaient insupportables aux grandes personnes que nous sommes devenus. Notre narcissisme d'adulte supporte très mal, semble-t-il, ce témoignage d'une époque passée et d'un temps pour nous révolu.

Il semble bien que tout au long de notre « grandissement », nous nous construisions dialectiquement *contre* cet état d'enfance qui a été le nôtre, comme si nous avions refoulé l'enfant en nous, et que, devenus adultes, nous voulions surtout n'en plus rien savoir! Il est vrai que cette petite boule de vie fragile, hurlante et vagissante, ne nous renvoie guère à une image triomphante et rassurante de notre humanité et peut-être avons-nous quelques raisons profondes de considérer avec méfiance cet espèce-de-tube-digestif- qui ne parle ni ne marche, n'a aucune maîtrise de son corps et se trouve bien dans son pipi-caca! Comment pouvons-nous alors prendre la mesure de la détresse et de la souffrance spécifique de ce bébé ou de ce tout jeune enfant? Sauf à dépenser des trésors d'imagination, nous ne pouvons guère nous la représenter avec nos cerveaux d'adultes dans ce qu'elles ont d'absolu et de radical. De même, nous concevons mal qu'un petit enfant, bien que ne parlant pas, soit un être de communication, c'est-à-dire de langage, ce malgré l'étymologie!...

Pour mieux comprendre la nature de ce rapport de violence que subit l'enfant, on pourrait évoquer utilement celui que connaît le vieillard dans nos sociétés. Ce n'est pas sans raison qu'on se permet de dire d'eux qu'ils « retombent en enfance ». Point n'est besoin d'aller voir ce qui se passe de terrible dans les hospices ou les hôpitaux pour constater, ne serait-ce qu'autour de soi, avec quelle condescendance spontanée et avilisante on les traite et on leur parle — pour se mettre, bien sûr, « à leur niveau », pour les « protéger ». Il est nécessaire de faire référence à ce « parler-gâteux » que nous utilisons pour parler à un vieillard, pour comprendre quelle charge de mépris représente le « parler-bébé » que nous utilisons pour l'enfant. En fait, est respectable dans notre société — au sens aussi de « qui tient en respect » — le seul adulte majeur, vacciné et productif. Dans les rapports de force qui sous-tendent tout rapport humain, l'enfant, comme le vieillard, se trouve en situation de faiblesse, et donc d'oppression.

Si, en tant que professionnels, nous avons tant de difficultés à dire à l'enfant le pourquoi et le comment de nos actes, nous ne faisons que redoubler ici l'extraordinaire autisme du rapport quotidien adulte-enfant. Que de fois avons-nous demandé, lors d'entretiens avec des parents, si la situation avait été expliquée à leur enfant — quelle qu'elle soit! La réponse était à peu près toujours la même : « Oh, il est trop jeune, et puis... il a bien vu. » Cette phrase pourrait servir d'exergue à toute l'institution A.S.E. Si nous ne parvenons pas à signifier à l'enfant ce que nous faisons pour lui ou ses parents, si nous n'arrivons pas à mettre des mots sur les raisons qui nous font intervenir à tel moment précis de sa vie et de son histoire, et au nom de quelles motivations professionnelles, c'est parce que, nous aussi, pensons, consciemment et inconsciemment, qu'un bébé ou un jeune enfant « c'est trop petit pour qu'on lui parle, et que, de toute façon, il voit bien ce que l'on fait pour lui ». Si la violence peut être dans les paroles qu'on dit, elle est aussi souvent dans celles qu'on ne dit pas.

Il est nécessaire de replacer dans ce contexte toute réflexion sur la méconnaissance de l'enfant, pour percevoir combien elle a des racines profondes. C'est en terme de pratique de toute-puissance qu'il faudrait analyser nos agissements professionnels, porteurs à la fois de la violence institutionnelle de l'A.S.E. et de la violence ordinaire du rapport adulte-enfant. Pratique de toute-puissance qui s'apparente à certains égards à la magie ou à la sorcellerie. Le travail social transforme trop fréquemment ses acteurs en êtres omniscients et omnipotents que l'enfant doit percevoir plus souvent comme de grands sorciers dépositaires terribles de son destin que comme de bons génies.

LA PLURIDISCIPLINARITÉ COMME ANTIDOTE A LA TOUTE-PUISSANCE

Ce qui fonde la légitimité de notre travail et de nos interventions, c'est le mandat social dont, à des titres divers, nous sommes investis. Or du fait de la division du travail et du morcellement de l'A.S.E., nous exerçons souvent seuls ce mandat, sans contrôle réel autre que formel — ce que nous donne en fait, sinon en droit, un pouvoir discrétionnaire sur les « usagers » en général, et les plus jeunes enfants en particulier. Nous avons vu qu'en ce qui concerne ces derniers, ce pouvoir absolu est d'autant moins mis en question, ou simplement interrogé, que l'idéologie sociale fait du jeune enfant un individu peu sensible et inintelligent. Il s'agit donc pratiquement d'un pouvoir totalitaire que nous sommes autorisés à exercer sur lui, impunément puisque c'est toujours « pour son bien ». Ainsi, les options que nous prenons dans sa vie, et qui souvent engagent son histoire entière — dans l'adoption par exemple — sont plus radicales, plus absolues, plus définitives que celles qui concernent les adolescents; avec ceux-ci, notre toute-puissance vient souvent se heurter à leur rejet ou à leur violence, et nous sommes bien obligés alors de compter avec leurs désirs ou leurs projets — ce qui n'est pas le cas avec les jeunes enfants.

Ce risque de toute-puissance — et il s'agit aussi de la toute-puissance des pathologies individuelles dont chacun de nous est porteur — est en quelque sorte le péché originel congénital de tout travail social. La seule façon de le limiter est de promouvoir la pluridisciplinarité des intervenants, pluridisciplinarité effective, comprise comme pouvant limiter le monopole du pouvoir de tel ou tel spécialiste, ainsi que l'appropriation abusive des enfants par telle institution ou tel service. Seule la pluridisciplinarité permet de reconnaître que, en présence des réalités complexes du champ social et de chaque individu, nous sommes, les uns et les autres, *à égalité d'incomplétude réciproque*. Quels que soient notre formation, notre savoir ou notre expérience, la réalité humaine des situations que nous avons à traiter ne saurait en aucun cas être épuisée par la seule approche parcellaire que nous en avons. *Quelle que soit la place de maîtrise ou de pouvoir que nous occupons, nous ne pourrons jamais être les seuls dépositaires du juste, du bien et du bon pour un enfant et sa famille.*

Nous avons tous à l'esprit des exemples de cette toute-puissance et de ses effets ravageurs : la pratique solitaire du pouvoir et ses conséquences pervertissantes sont sans doute l'un des phénomènes les mieux partagés dans nos D.D.A.S.S. Ainsi, dans tel département, c'est un inspecteur qui règne en maître absolu sur les adoptions, imposant le choix des adoptants, les modalités de contact entre l'enfant et la famille, le passage au foyer de l'enfance. Ailleurs, c'est un psychologue qui, seul, légifère sur les modalités et critères de recrutement des assistantes maternelles en imposant tests de personnalité et évaluation chiffrée du quotient intellectuel (Q.I.) des candidates. Ailleurs encore, c'est tel travailleur social qui profite du manque criant de personnels pour prendre le monopole de gestion des placements familiaux, décidant unilatéralement le retrait ou le placement des enfants. Ici enfin, c'est un médecin chef qui exige de recevoir tous les consultants d'un dispensaire d'hygiène mentale en imposant ses indications très personnelles de rééducation ou de psychothérapie.

On pourrait également analyser plus longuement le cas de certains inspecteurs ou de certains juges. A des titres divers, ils représentent l'un et l'autre la loi, et sont effectivement investis d'un pouvoir légal quasi discrétionnaire. Certains oublient trop souvent qu'il s'agit là d'un service public — au service du public — et vivent cette autorité comme l'exercice d'un droit divin. La séparation des pouvoirs entre techniciens spécialisés et instance de décision devrait être l'illustration exemplaire de l'incomplétude et des limitations qui fondent la spécificité professionnelle de chacun. Dès que l'autorité compétente, administrative ou judiciaire détourne le pouvoir au profit de son désir de toute-puissance, et fait fi des avis ou des recommandations des spécialistes du travail social — il y a là, véritablement, abus de pouvoir et perversion de la mission confiée.

Au-delà de ce qu'il faut appeler la perversité de certains comportements professionnels individuels, c'est aussi le fonctionnement de certaines institutions qu'il faudrait interroger, fonctionnement pathologique et mortifère, qui font de ce qui devrait être des lieux de vie, des lieux, sinon de mort réelle, du moins de débilisation et de mort psychique. Ici, ce n'est plus en terme de toute-puissance qu'il faut s'exprimer, mais en terme de *totalitarisme,* l'un étant finalement la conséquence de l'autre.

LA RECHERCHE COMME ALTERNATIVE AUX TOTALITARISMES

Si la toute-puissance individuelle a son antidote dans la pluridisciplinarité, le totalitarisme des institutions a comme alternative la recherche, — c'est-à-dire l'incessante confrontation des approches, des points de vue, des solutions apportées aux problèmes : en quelque sorte, la « non-satisfaction » institutionnalisée et permanente. Nous connaissons tous des institutions, des services, voire des secteurs entiers de l'Action sanitaire et sociale où règne un terrorisme administratif et professionnel tel que tout questionnement ou toute recherche deviennent impossibles ; des lieux où les intrications de rapports de forces créent des situations tellement bloquées que toute velléité de rencontres, de réunions ou d'échanges devient dangereuse ou subversive. De tels services, de tels établissements fonctionnent de façon d'autant plus pernicieuse qu'on n'y fait alors référence à l'enfant qu'en manière d'alibi, en défendant farouchement le *statu quo* qui serait menacé par le changement ou l'innovation.

Pourtant, la nature même du travail social fait de ce droit à la recherche une impérieuse nécessité. Inventer pour chaque cas des réponses appropriées implique nécessairement un droit au questionnement permanent, toujours à préserver et à élargir puisqu'il n'est jamais définitivement acquis. Il est vrai que cette nécessité de recherche va sensiblement à l'encontre de toute la tradition française d'une administration très hiérarchisée et particulièrement rigide. Celle-ci semble avoir, par nature, vocation à engendrer des totalitarismes sectoriels, dont les protagonistes n'ont pas toujours conscience. Car *l'administration fonctionne aussi en machine à décérébrer* — le système hiérarchique faisant que, dans l'échelle, on n'existe pas en soi mais par rapport à l'échelon supérieur ou inférieur. Et bien souvent, à l'échelon inférieur, il y a ceux qui s'occupent directement des enfants.

Si nous voulons permettre aux usagers de l'A.S.E. d'être des sujets à part entière, quels que soient leurs difficultés, leurs infirmités ou leurs handicaps, cela suppose déjà que nous, professionnels, puissions exister dans le cadre de notre travail comme sujets désirants, et quelquefois lutter pour cela. Ces enfants et les familles que nous avons en charge sont, de toute façon, en recherche d'une vérité et d'un sens à leur histoire : nous ne pourrons les aider dans leur quête que si nous-mêmes prenons les moyens d'être en recherche au niveau de notre désir professionnel et des actes qui nous engagent.

Lutter contre la manipulation des usagers — enfants et familles —, c'est d'abord et avant tout lutter contre notre propre transformation en pions anonymes d'un système où l'on devient soi-même trop facilement un rouage abstrait de la machine morcelée et morcelante. Quand on cite le cas de ces familles assistées par cinquante travailleurs sociaux, on s'imagine que le traumatisme que connaissent ces familles vient de la multiplicité des intervenants. Pas nécessairement. Et même pas du tout si les cinquante intervenants existent suffisamment comme sujets professionnels autonomes, inscrits eux-mêmes avec leur singularité propre dans l'histoire d'une famille en difficulté avec laquelle ils auront pu mettre en mots le sens de leur intervention. De telles modalités de travail ne peuvent se pratiquer sans recherche permanente et échanges pluridisciplinaires. Aussi nous appartient-il de faire collectivement dans nos institutions la démonstration en actes que la recherche et la confrontation constituent en tant que telles des avancées pratiques : au-delà des constatations, mettre en mots nos interrogations et nos questionnements, c'est déjà progresser sur le chemin de solutions neuves et d'idées nouvelles.

Des enfants sans histoire...

Jeanine MALARRIVE *

Je travaille en tant que médecin dans un service de pédiatrie à l'hôpital des Enfants de Bordeaux. Il se trouve que, dans ce service de pédiatrie, depuis vingt ans, il y a une équipe de quatre psychiatres, trois psychologues et trois orthophonistes qui travaille, et nous voyons, en dehors des enfants hospitalisés, des enfants qui viennent en consultation soit spontanément, soit adressés le plus souvent par leur médecin. Personnellement, depuis de nombreuses années, j'y vois de très jeunes enfants, âgés de moins de trois ans et plus particulièrement, depuis quelque temps, des enfants de moins d'un an. Dans ce type de service de médecine, on ne s'occupe pas que du corps de l'enfant, et en ce qui concerne la souffrance des enfants de l'Aide sociale à l'enfance que nous avons l'occasion de voir, je pense que les signes en sont tout à fait repérables.

Or, ce qui, actuellement, me paraît grave, c'est que, connaissant la théorie, on supporte dans le même temps que la réalité soit en complète contradiction avec elle. D'un côté, on sait parfaitement que les premières années de la vie, et en particulier la première année, sont tout à fait capitales dans la construction de la personnalité de l'enfant. Et de l'autre, que voyons-nous de façon dramatique, dans ce service de pédiatrie, où nous

* Pédo-psychiatre à l'hôpital des Enfants, Bordeaux.

sommes confrontés chaque semaine à plusieurs enfants hospitalisés pour mauvais traitements de la part de leurs parents? Presque à chaque fois, un de ces deux parents au moins, sinon les deux, ont été des enfants de la D.D.A.S.S... Et on est en train de se demander quels sont les signes de souffrance de ces enfants de l'Aide sociale à l'enfance!... D'un côté, on admet que la continuité est essentielle pour la construction de la personnalité de l'enfant et de l'adulte qu'il sera et, d'un autre, on impose au coup par coup à ces mêmes enfants de l'A.S.E. ruptures et séparations, sans aucun projet à long terme pour eux. Malheureusement, en effet, les deux seules structures capables de prendre en urgence un enfant, c'est-à-dire d'une minute à l'autre, sont encore actuellement l'hôpital ou le foyer de l'enfance. Il n'y a jamais une travailleuse médicale que l'on pourra mobiliser en pleine nuit parce qu'un des parents est parti et que celui qui reste ne peut s'occuper seul des enfants. La seule solution d'urgence, c'est soit l'hôpital, soit le foyer de l'enfance.

On constate donc que le problème des séparations et des ruptures reste le problème essentiel de ces enfants, mais qu'il est toujours minimisé et toujours sous-estimé : on a tendance à penser qu'un enfant, même âgé de trois ans, est encore tout petit, qu'il ne peut pas comprendre, qu'il ne peut pas vraiment souffrir de tout cela. Mais pour nous, trois ans, nous savons que c'est déjà très tard, alors qu'il semble qu'à l'Aide sociale à l'enfance,on ait l'impression que les enfants commencent à naître à quatre ou cinq ans!

Nous sommes donc encore obligés de répéter que ce problème des ruptures et des séparations est à la base de la souffrance de ces enfants. *Ce sont des enfants qui sont transparents de tous les oublis, de tous les manques et de toutes les ruptures qu'ils ont subis. Ils n'ont pas d'histoire, pas de passé, pas d'avenir. Ce sont des enfants de l'instant.*

Et pour se rassurer on les « évalue » par des tests de niveau, ou par des examens médicaux, comme si l'on avait besoin de se fonder sur le fait de trouver un enfant intelligent ou non, pour savoir s'il souffrait ou s'il ne souffrait pas! Pourtant, nous savons très bien actuellement que le problème de la plupart de ces enfants ne sera pas celui d'un retard intellectuel mais de leur efficience, car ils ont les mêmes possibilités que les autres enfants, mais ils ne les utiliseront pas.

En fait, il s'agit à présent de convaincre et d'être convaincu que toute rupture et toute séparation peuvent être traumatiques pour l'avenir, étant donné la manière dont on les fait vivre à ces enfants, c'est-à-dire *jamais parlée*. Je pense en particulier à la manière dont se passent certains placements ou certaines adoptions. Je voudrais savoir combien il y a d'enfants adoptés tardivement, c'est-à-dire au-delà de l'âge d'un an, qui ont eu jusqu'à leur adoption la « chance » d'avoir un seul placement, et qui gardent encore des relations avec le milieu antérieur de gardiennage! On verra, à ce simple exemple, que je ne parle pas ici de temps anciens : ces procédés continuent d'exister, et les enfants de l'Aide sociale à l'enfance sont encore transportés comme des paquets.

Le placement familial : mission impossible ?

Marthe WEILLER-BONDON *
et Pierre LIMOUSI **

Si le placement familial a beaucoup évolué depuis l'époque des gardiennes de l'Assistance publique, d'importantes disparités existent encore dans son fonctionnement. Le poids du passé et des habitudes, les facteurs géographiques (le placement familial en milieu urbain présente des caractéristiques différentes de celui qui existe traditionnellement en milieu rural) font que cette pratique de travail social connaît des mises en œuvre fort disparates d'un département à l'autre. Outre cette hétérogénéité des réalisations recensées, de récentes analyses ont permis de faire apparaître la complexité fondamentale de ce type de pratique et les contradictions qui mettent aux prises les différents partenaires : famille naturelle, famille d'accueil, travailleurs sociaux, enfant, auxquels il faut ajouter le juge pour enfants, dans le cas de placement par ordonnance judiciaire [1].

Famille de substitution ou famille relais?

Le problème majeur de toute pratique de placement familial est l'inévitable rivalité qui s'instaure à peu près

* Psychologue, attachée au Foyer de l'enfance de Toulouse.
** Psychologue, attaché au Foyer de l'enfance d'Eysines.

1. M. BONETTI, J. FRAISSE & V. DE GAULEJAC, « De l'Assistance publique aux assistantes maternelles : la professionnalisation du maternage », in *Les Cahiers de Germinal, 1980 et L'Aide à l'enfance demain,* op. cit.

systématiquement entre la famille naturelle de l'enfant, laquelle préfère bien souvent le maintien ou le placement d'enfants — même très jeunes — en institution, et la famille d'accueil. La famille naturelle, déjà culpabilisée par le placement à l'Aide sociale à l'enfance, redoute l'appropriation de l'enfant par une famille étrangère, vécue comme d'autant plus redoutable pour elle qu'elle aura à réaliser un rôle éducatif qu'elle-même n'a pas été en mesure de réussir, compte tenu de ses difficultés. Lorsque la préparation du placement ne prend pas suffisamment en compte ces craintes et cette blessure de la famille naturelle, cette dernière aura toutes les raisons de vivre le placement de son enfant comme sanction d'un échec : épinglée comme « mauvaise famille » remplacée par une « bonne », elle n'aura comme seul recours que l'agressivité contre ces autres parents vécus comme « rapteurs ». L'impréparation et l'absence du souci d'associer, autant que faire se peut, la famille au placement, figurent donc parmi les causes majeures des conflits qui surgiront par la suite et qui peuvent aboutir à l'échec de ce placement. Échec d'autant plus grave que l'enfant aura pu, entre-temps, s'attacher à une famille d'accueil qu'il devra quitter uniquement en raison de l'hostilité de ses parents. Ceux-ci devront donc se voir préciser, au départ, que l'aide apportée par l'assistante maternelle et les siens se fera avec leur consentement; que des règles précises de visite, de vacances, de contacts et d'informations préserveront leurs droits. Le but du placement étant, en tout état de cause, le retour de l'enfant dans sa famille — toutes les fois où ce retour est possible —, la famille d'accueil a pour mission d'apporter une aide momentanée et à jouer un rôle d'*auxiliaire* pour une cellule familiale en difficulté.

Et l'enfant?

Enjeu de ces rivalités, l'enfant vivra intensément et de façon souvent dramatique les conflits qui opposent les adultes revendiquant sur lui des droits affectifs. Ayant du mal à se repérer au milieu de ces revendications antagonistes de légitimité, sommé le plus souvent de « choisir », la question qui l'obsédera sera : « Qui puis-je aimer? » Ayant tendance à appeler spontanément papa et maman, comme les autres enfants de la famille, les parents d'accueil qui quotidiennement s'occupent de lui et remplissent affectivement à son égard les fonctions paternelles et maternelles, il s'attachera d'autant plus facilement à ces adultes tutélaires rassurants et structurants que ses propres parents sont immatures, traumatisants ou tout simplement absents. Qu'en est-il alors pour lui des « vrais parents »? Puisque avoir socialement deux pères ou deux mères n'est pas possible, il y en a nécessairement deux de « faux ». Les « faux » ne pouvant être ceux avec lesquels les liens affectifs se seront tissés au jour le jour, ce seront donc les parents géniteurs, qui n'ont pas su ou pu s'occuper de lui, qui se trouveront considérés comme tels par l'enfant. Toute la culpabilité et l'angoisse consécutives à ce reniement viendront renforcer la revendication des parents naturels devant pareil « détournement » d'enfant. Réaliser qu'il a la possibilité et le droit d'aimer *autrement* des « pères » et « mères » aux statuts *différents* et *non contradictoires* — un père et une mère nourriciers ne pouvant jamais annuler le rôle des parents de naissance qui ont donné la vie —, tel sera le long et difficile travail affectif que tout enfant devrait pouvoir accomplir dans le cadre d'un placement familial. Grâce aux efforts des parents qui l'élèvent et lui permettent de grandir par leur affection et leurs soins, il pourra progressivement accepter de respecter les difficultés et les perturbations de ses parents naturels, assumer le nom qu'il porte et la filiation qui a décidé de son histoire.

Famille d'accueil : métier ou vocation?

Quelle spécificité reconnaître au travail si particulier de l'assistante maternelle? Question difficile dont témoigne notamment la date tardive où la profession s'est vu officiellement dotée d'un statut (loi du 17 mai 1977). Contrairement au travailleur social dont la limite des tâches professionnelles est relativement bien définie dans le temps et l'espace, l'assistante maternelle travaille vingt-quatre heures sur vingt-quatre, y compris pendant ses congés ! Bien plus, c'est l'ensemble de son univers et de son vécu familial qui se trouve impliqué dans la prise en charge à plein temps d'un enfant. Il n'est pas jusqu'à ses propres enfants qui ne vivent parfois eux-mêmes avec difficulté la situation nouvelle et perturbante de l'arrivée d'un petit étranger; intrus qui ne sera jamais vu d'emblée d'un très bon œil, puisqu'il faudra nécessairement cohabiter avec lui et partager les soins, l'amour et l'attention des parents et surtout de la maman.

La façon dont l'assistante maternelle vit sa situation de salariée est souvent très ambivalente : être payée pour l'exécution d'un travail affectif lui apparaît quelquefois comme honteux, argent et amour étant pour elle incompatibles. La qualité d'un dévouement éducatif ne pouvant, en effet, se comptabiliser en termes marchands de rémunération, elle hésitera à dire à l'enfant qu'elle est payée pour le travail de prise en charge qu'elle accomplit, de crainte que son dévouement s'en trouve dévalué. Il faut replacer cet état de fait dans le contexte social au sein duquel le travail de la femme au foyer n'est pas reconnu comme tel, ainsi que l'attestent les difficultés qu'éprouvent les femmes à se voir reconnaître les droits à l'obtention d'un véritable salaire maternel.

Autre difficulté majeure pour l'assistante maternelle et les siens : accepter les parents de l'enfant accueilli et se montrer tolérant devant les dysfonctionnements d'une cellule familiale souvent aussi perturbante que perturbée. La tentation est grande de désirer que soit interrompu tout contact entre l'enfant et ces « mauvais parents » qui interfèrent sans cesse dans sa vie : parents carencés, traumatisants, qui reparaissent brutalement après des mois de silence pour demander des comptes et remettre en cause le fragile équilibre d'un enfant pour qui un travail de restauration a été entamé dans le cadre du placement [1]. Il est souvent décourageant de retrouver, à chaque retour de week-end ou de vacances passées dans la famille naturelle, un enfant mal soigné, particulièrement agité, insécurisé, d'autant qu'il est bien difficile d'apprécier de l'extérieur combien ces retours en famille sont bénéfiques et indispensables pour l'équilibre de l'enfant, surtout très jeune, même si le travail de l'assistante maternelle s'en trouve accru ou rendu plus difficile.

Par ailleurs, la prise en charge de l'enfant implique que celui-ci puisse être intégré dans la famille d'accueil sans qu'une fausse assimilation vienne dénier l'existence des parents géniteurs, surtout s'ils sont étrangers ou d'une culture différente. Accepter d'accueillir un enfant, c'est toujours aussi accepter d'accueillir et d'aider, même absents, des parents en difficulté.

Travail social, placement familial et séparations

La tâche du travailleur social est délicate, puisque c'est à lui qu'incombe la mise en œuvre des moyens propres à la réussite du placement. Responsable du choix de la famille d'accueil qui conviendra aux problèmes de l'enfant, il aura même quelquefois participé à son embauche. C'est à lui qu'il appartiendra d'obtenir l'accord et la participation des parents, de préparer l'enfant ainsi que la famille d'accueil à laquelle il donnera accès aux informations nécessaires à la bonne compréhension de la situation et de l'histoire de l'enfant. En liaison avec l'équipe pluridisciplinaire de travail social, l'éducateur, assistant social ou puéricultrice chargés de suivre le placement auront, au fil des semaines, à soutenir de façon permanente le travail de la famille d'accueil, à préparer, le cas échéant, une prise en

1. M. SOULÉ, J. NOEL & F. BOUCHARD, *Le Placement familial*, E.S.F., 1969.

charge spécialisée de l'enfant en difficulté dans le cadre de l'intersecteur d'hygiène mentale infantile ou d'un centre médico-psycho-pédagogique et à veiller à ce que les relations de l'enfant avec sa famille naturelle soient maintenues — sinon directement avec des parents par trop absents du moins avec la famille élargie : grands-parents, oncles, tantes, et bien sûr avec les frères et les sœurs placés ailleurs. De la même façon, c'est avec l'aide du travailleur social que s'accomplira le travail de remise de l'enfant à sa famille, et de séparation d'avec sa famille d'accueil.

L'une des difficultés majeures du placement familial des jeunes enfants réside dans l'impossibilité d'obtenir de l'intéressé un accord « verbal » ou une participation active directe au placement. Apprécier les seuils de souffrance tolérables pour lui, éviter dans les situations de conflit les traumatismes d'un écartèlement affectif entre famille naturelle et famille d'accueil, déceler les symptômes somatiques ou comportementaux qui révèlent la nécessité d'une prise en charge spécialisée, nécessite une formation et une compétence que ne peuvent avoir d'emblée les assistantes maternelles. C'est là que l'aide et la vigilance du travailleur social peuvent avoir à s'exercer. Considérer le bien de l'enfant et son équilibre peut d'ailleurs aller à l'encontre de certaines décisions : ainsi le maintien « à tout prix » de l'enfant dans sa famille peut servir essentiellement à soigner une mère ou des parents malades et à éviter une décompensation consécutive au placement. On retrouve là la difficulté due au manque de formation, cette fois, des travailleurs sociaux, peu habitués à verbaliser auprès de l'enfant les motifs d'un placement ou d'un déplacement.

Comment, par ailleurs, parler à l'enfant des difficultés des parents dans le cas de situations familiales particulièrement dégradées : alcoolisme, maladie mentale, délinquance, inceste? Mandaté sur le plan administratif ou judiciaire, le travailleur social a une double tâche : dédramatiser les conflits et introduire la loi; c'est toujours, en effet, un rôle de tiers médiateur qu'il a à jouer par rapport à l'enfant et sa famille, comme auprès de la famille d'accueil. Son intervention partant de la considération de la réalité de parents « en difficulté », il permet à chaque partenaire de dépasser une problématique fausse, qui viendrait opposer une supposée « bonne famille » à une famille vécue comme « mauvaise ». Chargé d'organiser les rapports souvent difficiles des parents en présence, pris dans un jeu affectif complexe et le plus souvent passionnel, le travailleur social tend à rendre supportables les conflits qui peuvent survenir entre la famille d'accueil et l'enfant — en particulier lorsque la souffrance et les perturbations subies amènent celui-ci à régresser sur un mode caractériel. Soutenant avec les autres techniciens de son équipe une famille d'accueil qui a du mal à accepter ce qu'elle vit alors comme un échec de sa prise en charge, il a dans ce cas un rôle de prévention des rejets d'un enfant devenu trop encombrant ou perturbant, ressenti comme un « mauvais objet » dont il faut se débarrasser [1].

QUELQUES PROPOSITIONS ET PERSPECTIVES

Les départs « sauvages »

Le retour de l'enfant dans sa famille naturelle ou son départ dans une autre institution doit faire l'objet d'un souci de préparation aussi indispensable que lors du placement en famille d'accueil. Toute séparation doit pouvoir être élaborée par l'enfant et la famille dans laquelle il a vécu et grandi, fût-ce pour peu de temps. Le « travail de deuil » indispensable doit être rendu possible dans le temps et pour l'enfant et pour la famille d'accueil — certains départs constituant, parfois, de

1. Sur l'ensemble de ces questions, cf. M. DAVID, *Le Placement familial : thérapeutique... ou mal social?* à paraître aux E.S.F.

véritables arrachements. C'est l'ensemble des partenaires affectifs impliqués dans la pratique du placement familial qui doit être pris en considération, aussi bien par l'équipe pluridisciplinaire de travail social que par les instances administratives et judiciaires. Certaines pratiques judiciaires de « remise sauvage » à la famille ne tiennent pas suffisamment compte de l'importance des réalités affectives et du temps nécessaire à la préparation d'un retour réussi. Le temps passé dans une famille auxiliaire n'a pas à être oublié ni « gommé » rétrospectivement. Des étapes sont nécessaires pour que ce passage, dans la vie de l'enfant, puisse être harmonieusement intégré par lui dans son histoire. Un retour en famille ne se décrète pas, mais se *prépare*. Il ne saurait se faire, en toute hypothèse, contre la famille d'accueil : un départ réussi présuppose l'adhésion active de la famille d'accueil, de la même façon que le placement nécessite l'accord de la famille naturelle.

Quelles familles d'accueil?

L'agrément de l'assistante maternelle ne saurait être un engagement bâclé. Comment faire de ce moment du recrutement un temps fort de sensibilisation à la spécificité du travail qu'elle et sa famille auront à accomplir? Quelles modalités de recrutement et quels critères de choix adopter, pour que se noue, dans les meilleures conditions possibles, un contrat moral de confiance mutuelle entre équipe de travail social et assistante maternelle? Les réponses varient d'un département à l'autre, en fonction des traditions, des situations et des expériences locales. Il apparaît nécessaire que les commissions d'agrément chargées du recrutement des familles d'accueil, quand elles existent, travaillent en collaboration avec les équipes qui assument effectivement les placements, et que ces équipes soient toujours pluridisciplinaires.

Les assistantes maternelles : partenaires à part entière du travail social?

La compétence des travailleurs sociaux viendrait-elle s'opposer à une incompétence des assistantes maternelles qu'il faudrait pallier? On pourrait le croire à entendre certains discours sur elles. Dans l' « introuvable équipe pluridisciplinaire », l'assistante maternelle fait souvent figure de parent pauvre. Sa place semble de subordination plus que de complémentarité. Cette suspicion illégitime fait qu'elle a rarement accès aux éléments essentiels de l'histoire familiale de l'enfant. Une participation plus systématique aux synthèses qui préparent les projets de vie de l'enfant — et quasiment jamais avec lui jusqu'ici — pourrait se promouvoir, qui associerait l'assistante maternelle à toutes les prises de décision concernant l'enfant. L'assistante maternelle, si elle a besoin d'être aidée, ne doit pas être assistée, et une large délégation de responsabilité doit lui permettre d'assurer pleinement la prise en charge au niveau du quotidien (scolarité, vacances, santé, etc.), toutes les fois que la famille naturelle ne peut, en ces domaines, assumer elle-même ses responsabilités. Pour éviter que le placement familial n'entraîne le « marquage » des enfants, il ne faut pas qu'ils soient traités différemment des autres enfants, sur le plan médical ou scolaire par exemple. Cette banalisation permettra une bonne réintégration ultérieure dans la famille naturelle et la vie sociale.

Confronter leurs difficultés, parler de leurs expériences, avoir la possibilité de se former, c'est à ces trois conditions que les assistantes maternelles pourront occuper la place, qui leur revient, de partenaire à part entière du travail social, et que seront dépassées les pesanteurs mentales et professionnelles héritées du vieux temps des gardiennes de l'Assistance publique. Cela suppose que les assistantes maternelles sachent se regrouper et agir dans le cadre des associations professionnelles qui travaillent à tirer les conséquences du statut dont la profession s'est vu doter en 1977 — en particulier sur la question de la formation, dont le droit a été reconnu sans qu'aient été prises les mesures financières qui en auraient permis la réalisation [1].

1. Cf. *L'Enfant d'abord*, revue des parents et des assistantes maternelles, 70, galerie Vivienne, 75002 Paris; et Union fédérative des familles d'accueil et des assistantes maternelles, 3, rue de Stockholm, 75008 Paris.

Un ordre bien enfoui

Caroline, cinq ans et demi, consulte parce qu'à l'école maternelle, elle est très agressive avec les autres enfants. Les difficultés de l'enfant sont apparues dès l'entrée à l'école, et sont restées circonscrites au cadre de la collectivité. On a pensé que cela s'atténuerait, d'autant plus que sa maman étant institutrice dans cette même école, ses collègues et elle-même ont supposé que l'enfant était jalouse de partager sa maman avec des petits camarades, mais qu'elle comprendrait petit à petit sa double fonction. Or, il n'y a aucune amélioration... Et s'il y avait une origine plus profonde aux troubles de l'enfant, comme si la collectivité scolaire avait réactivé une fragilité inaperçue ou oubliée?

Caroline dessine avec application « une jolie maison » : les murs sont à peine tracés, comme transparents, et il n'y a pas de fondations. Mais le toit est vigoureusement appuyé, et la petite fille hésite pour y placer sa famille qu'elle dessine enfin en bas, près de « la porte »... Ses parents expliquent que Caroline a été adoptée à dix mois : « La pouponnière l'avait bien nourrie, c'était un bébé superbe, presque bouffi! Mais elle était très molle, comme si elle était restée toujours couchée ; elle ne tenait ni debout, ni assise. Elle était très mignonne, très facile et, au bout de trois jours de visite, nous avons pu l'emmener. Il y avait quelque chose de très curieux qui nous revient : quand une " infirmière " passait devant elle, même lorsqu'elle faisait un signe gentil à l'enfant, Caroline s'agitait comme si elle était en colère, et avait une sorte de crachement. Les dames nous ont dit : " Elle veut toujours qu'on s'occupe d'elle mais on ne peut pas, elle nous en veut, vous allez rattraper ça! " Et on a rattrapé! Elle a marché à treize mois, tout est rentré dans l'ordre... » Un ordre bien enfoui?...

Du dépôt à l'accueil : vers des pouponnières différentes ?

Danielle RAPOPORT *

On peut s'étonner qu'aujourd'hui un tel titre soit encore ponctué par une interrogation, comme marqué d'un certain scepticisme. Le problème des facteurs de carences dans les collectivités de jeunes enfants, connu depuis si longtemps, n'est-il donc pas résolu?

Certes, nous savons que, depuis quelques années, se développe un mouvement en faveur de la prise en considération des souffrances psychologiques du jeune enfant dans les pouponnières qui l'accueillent. Mais c'est un peu comme si une prise de conscience nouvelle se faisait jour dans un courant relativement ancien et, sur le plan des réalisations effectives, ce mouvement est loin d'être généralisé.

C'est pourtant en 1938 — il y a donc plus de quarante ans! — qu'ont été décrites pour la première fois avec précision les carences de relations maternelles et leurs conséquences sur le développement des jeunes enfants. Les travaux de René Spitz furent connus en France aussitôt après la guerre, en 1948, et le terme d'« hospitalisme » devenait rapidement familier à tous ceux qui s'occupaient d'enfants séparés de leurs mères, ou souffrant de carences affectives à l'intérieur même de

* Psychologue attachée aux hôpitaux de l'Assistance publique de Paris.

leur famille [1]. Ces notions firent rapidement l'objet de multiples travaux, de publications diverses, qu'on retrouva dès les années 1950-1960 dans les programmes de faculté — avec notamment la création des licences de sciences humaines comme celles de sociologie et de psychologie — ou encore dans les programmes des écoles d'infirmières, des écoles de travailleurs sociaux, etc.

On peut citer plus particulièrement le livre de Jenny Aubry, paru en 1955, *La Carence des soins maternels* [2], et le film du même titre qu'elle fit en collaboration avec Geneviève Appell, dans une pouponnière parisienne. Notons également le retentissement de la participation de John Bolwby, à l'Organisation mondiale de la santé, à Genève, en 1951, avec la publication de la monographie « Soins maternels et santé mentale », et quelques années plus tard, en 1958, le IVe Congrès international de psychanalyse qui précise, autour des notions d'hospitalisme, les notions de « maternage » et de « substituts maternels », ainsi que des observations relatives à l'âge des enfants, leurs seuils de tolérance aux carences affectives et à la durée des frustrations, l'irréversibilité de certains des dommages subis [3].

Les années 1960-1970 vont se présenter bien différemment : les résultats pour améliorer ici et là la vie des enfants en collectivité — en particulier dans les crèches — ne s'équilibrent pas toujours avec les difficultés rencontrées pour changer les choses. Un article important, publié en 1962, en témoigne. Il s'agit d'une

1. R. Spitz, « La Perte de la mère par le nourrisson », in *Enfance*, nov.-déc. 1948; *La Première Année de la vie de l'enfant, genèse des premières relations objectales*, P.U.F., Paris, 1958; *Le Non et le oui, genèse de la communication humaine*, ibid., 1962.

2. J. Aubry, *La Carence des soins maternels*, P.U.F., Paris, 1955.

3. J. Bolwby, « Soins maternels et santé mentale », Genève, O.M.S., 1951; « The Nature of the Child's Tie to His Mother », (in *Int. I. of Psychoanalysis*, XXXIX, 5, 1958); *Attachement et Perte*, 2 vol., P.U.F., Paris, 1969-1973.

recherche approfondie [1] effectuée par Geneviève Appell et Myriam David dans une pouponnière, où il est démontré comment des facteurs de carence affective diminuent dans cet établissement dès lors qu'un lien affectif peut s'établir entre l'enfant et une ou deux infirmières privilégiées. Mais, dans le même temps, les auteurs démontrent que ce qui semble être une évidence très simple, c'est-à-dire l'établissement d'un lien, rencontre en fait des obstacles permanents et d'une puissance extraordinaire. Non pas, contrairement à ce qu'on pensait, par manque de temps et surcharge de travail. Mais par protection affective contre l'attachement réciproque entre le personnel et le jeune enfant. Les notions de séparation, de « deuil », de détachement, d'alibis techniques et de mécanismes de défenses morcelants apparaissent avec clarté pour la première fois ici.

Or, paradoxalement, cet article, qui fait actuellement figure de référence indispensable et qui a eu une influence considérable sur les psychiatres et les psychologues, a eu peu d'échos parmi les professionnels des pouponnières. C'est surtout dans les crèches que, entre 1965 et 1970, ces notions eurent le plus d'impacts alors que, pourtant, les enfants n'étaient séparés de leurs parents que dans la journée. Il est vrai que les « événements de mai 1968 » ont accéléré électivement l'évolution en cours de ces établissements : les discussions parents-personnel, les groupes de réflexions inter-établissements facilitèrent toutes les innovations d'alors, qui sont entrées actuellement dans la quotidienneté [2]. Quelque chose d'irréversible venait de changer dans la façon de se parler, de communiquer entre parents, personnel et enfants des crèches. La présence des

1. M. David & G. Appell, Étude des facteurs de carence affective dans une pouponnière », in *Psych. Enfant,* IV, vol. 2, pp. 407-442, 1962.

2. D. Rapoport & M.-C. Choppy, « Rôle et fonction des psychologues cliniciens : réflexions sur quinze années d'expérience en crèche », in *Bulletin de psychologie,* n° spéc. 3, 1978.

parents, surtout, décloisonnait la crèche par rapport à la ville et à la cité — ce qui ne pouvait être le cas pour les pouponnières. Le terme de « substitut maternel » commençait à être remis en question par les auxiliaires de puériculture, dès lors que les parents étaient présents dans ces crèches, et que se créaient des liens et des échanges de réflexion. L'enfant n'était plus un « enfant-déposé-là-le-matin-et-repris-le-soir », mais une personne ayant une histoire, issue de l'histoire même de la sexualité de « ces parents-là ». L'auxiliaire ne prenait plus la place de ces parents mais découvrait sa place spécifique d'éducatrice auprès de l'enfant. C'est à ce moment-là que le terme de « gardiennage », de « lieu de garde », courant jusqu'ici pour définir la crèche, laissait place à des termes comme « lieu de vie », « projet institutionnel », « projet éducatif ». Ces changements de vocabulaire, non pas formules toutes faites et plaquées, mais représentations de changements profonds de situations, étaient très significatifs de modifications réelles des mentalités et des conceptions du travail.

Cette nouvelle approche des modes de garde de l'enfant allait être confirmée dans notre décennie actuelle, de 1970 à 1980. En témoigne, à partir de 1972, l'extraordinaire impact de deux livres qui ont non seulement contribué à maintenir la dynamique de l'évolution des crèches mais aussi à entraîner celle des pouponnières : *Lóczy, ou le maternage insolite,* de Myriam David et Geneviève Appell [1], *L'Éveil du tout-petit,* de Janine Lévy [2]. Le livre de Myriam David et de Geneviève Appell a permis de connaître l'expérience de cette pouponnière hongroise où le docteur Emmy Pickler a pu réaliser une organisation de vie dans un état d'esprit radicalement différent des solutions proposées jusqu'ici. Voyant qu'il n'était pas possible de reproduire pour les enfants la situation maternelle, le docteur Emmy Pickler s'est appuyée sur une pédagogie nouvelle

1. Éd. C.E.M.E.A.-Scarabé, 1973.
2. Éd. du Seuil, Paris, 1972.

et un mode original de relations adultes-enfants, où chaque acte professionnel s'engage dans l'intérêt de celui-ci et répond à ses besoins, tout en tenant compte de la situation professionnelle particulière de l'adulte qui s'en occupe. Le livre de Janine Lévy propose et décrit des techniques d'éveil du tout-petit par le mouvement, le jeu, et le plaisir partagé entre l'enfant et l'adulte qui suscite et accompagne le rythme naturel des progrès du tout-petit. On a souvent opposé en France, dans cette période, les « méthodes éducatives » d'Emmy Pickler et de Janine Lévy, tant il est vrai qu'on a besoin, dans notre pays, de querelles d'école pour arriver à trouver sa propre voie! Mais il n'en est pas moins également vrai qu'au bout du compte, le regard posé sur le jeune enfant en a été profondément changé. D'autres livres, d'autres études et des groupes de réflexion se sont fait entendre de toute part; on pense à la diffusion considérable des travaux de Bruno Bettelheim, de Françoise Dolto, de Winnicott, à la fréquentation, exceptionnelle en France jusqu'ici, d'un groupe de rencontres et de documentations comme celui du C.O.P.E.S. [1], devenu l'association Phimentin, sous l'impulsion du docteur Soulé. On pense également à la réactualisation des travaux de John Bolwby sur l'attachement et la séparation [2], récemment traduits. Et ce n'est certainement pas un hasard si c'est dans cette période que le film et le livre de Frédéric Leboyer [3], *Pour une naissance sans violence,* ont suscité des polémiques lourdes de charges émotionnelles, de critiques, de réticences, voire de méconnaissance totale dans l'interprétation du message transmis ici; mais aussi, ce livre et ce film entraînèrent un enthousiasme et des possibilités de renouvellement complet dans le climat de nombreuses maternités. Quoi qu'il en soit, le mot « violence » apparaissait, choquant, certes, mais révélateur de toutes les violences psychologiques qu'on peut,

1. C.O.P.E.S. : 23, rue Lalande, 75014 Paris.
2. J. Bolwby, *Attachement et Perte,* op. cit.
3. Éd. du Seuil, Paris, 1974.

en tout bonne volonté, faire subir sans le savoir à de très jeunes enfants [1].

Ce terme, en fait, choque encore chaque professionnel concerné. Chacun, à son niveau, réagit : « Non, nous faisons tout ce que nous pouvons », on rationnalise, on se justifie... Dans bien des cas, il faut même un regard extérieur pour introduire le doute, et les pouponnières ne sont pas seules concernées ici. Par exemple, tel service de pédiatrie, qui a su choyer un enfant maltraité et l'individualiser pendant son séjour, l'envoie en ambulance et sans aucune transition à la pouponnière qui aura enfin une place pour lui, et qui, elle, fera alors remarquer au service hospitalier qu'elle aurait pu lui envoyer une auxiliaire, quelques jours avant son départ, participer à une réunion pour connaître cet enfant-là, avec ses habitudes et son individualité. Ce n'est qu'un exemple, mais, pourtant, passées les premières résistances et les premières défenses contre la reconnaissance de ces tristes réalités, chacun s'ouvre aux prises de conscience nécessaires et cherche alors à dépasser cette phase de constat, où les notions de carences, de souffrances, d'enfants-paquets paraissent répétées et même usées, plus de trente ans après Spitz! On cherche à réfléchir comment, enfin, changer les choses : comment « faire », comment « être » autrement. « Sujet ou objet? » La question est à tous les niveaux et dans tous les domaines où l'enfant n'a plus ses parents pour se porter garants de sa sécurité. Et à cette question, de nombreuses pouponnières essayent de trouver actuellement des réponses, de même que le tentent des services hospitaliers, des maternités, des crèches. Ces tentatives sont souvent isolées, et les échanges bloqués par les querelles d'école déjà dénoncées plus haut, dont l'enfant qui en fait les frais se moque pourtant bien!

Il faudra bien, pour la période actuelle, que les efforts qui sont faits se rejoignent par-delà la charge émotion-

1. D. Rapoport, « Accueillir », in *Naître... et ensuite? Cahiers du nouveau-né*, n° 1-2, Éd. Stock, Paris, 1979.

nelle, voire les passions suscitées par tout ce qui touche à la petite enfance. Car aucune réalisation ne pourra aboutir si elle est le fait isolé d'une seule auxiliaire ici, d'un seul pédiatre là, ou encore d'un seul inspecteur ailleurs. Le morcellement qu'on ne doit plus imposer à l'enfant ne doit plus s'imposer à nous. Et déjà, que constatons-nous? Beaucoup de pouponnières cherchent à évoluer. Certaines se transforment de façon ponctuelle, par petites touches et par actions limitées, si bien que les enfants y sont certainement moins malheureux. Mais malgré tout, à bas bruit, d'une façon peut-être moins spectaculaire mais certaine, le malheur est là, les sources de carence demeurent [1]. Nous ne pouvons plus nous contenter de ces améliorations ponctuelles, si elles ne font que cautionner une stagnation et une réassurance, au lieu d'être le point de départ d'authentiques transformations en profondeur. Par contre, bien que plus rarement, d'autres établissements réussissent cette transformation radicale, où chaque geste professionnel et toute l'organisation du temps s'organisent dans l'intérêt de l'enfant, par priorité [2], où il ne s'agit plus seulement d'un personnel « dévoué » mais aussi compétent et conscient du sens de ses actes. Ici le mot de « dépôt » n'a plus cours et l' « accueil » prend toute sa signification.

Cependant, ces établissements ne veulent pas pour l'instant servir de « modèle », sachant que leurs démarches et leurs recherches sont trop neuves, en cours d'évolution; chaque établissement est la rencontre d'êtres vivants qui ne sont pas les mêmes d'un établissement à l'autre, et quelquefois même d'une année à l'autre dans le même établissement! Aussi, ce qui se

1. D. Rapoport & J. Lévy, « Les conditions de vie du nourrisson sans famille, possibilités et limites d'une recherche en pouponnière », in *Revue de neuropsychiatrie infantile*, 1977.

2. G. Appell, « Tentative d'éradication des états de carence dans une pouponnière », Ier Congrès mondial de la petite enfance, Caiscais, Portugal, mars-avril 1980.

passe dans l'un n'est pas forcément valable pour l'autre. Et, de plus, nous savons tous que les établissements dépendent aussi de tout l'environnement A.S.E., de toutes les structures extérieures avec lesquelles ils travaillent *avant* et *après* la sortie de l'enfant, structures qui doivent aussi s'engager dans des recherches et des réflexions pour promouvoir des solutions et des expériences qui ne perpétuent pas toujours les séparations.

Alors, vers des pouponnières différentes? Les établissements dont nous venons de parler semblent prouver que c'est possible. Mais la somme d'efforts représentés pour que leurs tentatives réussissent et se généralisent mérite mieux que des circulaires qui se répètent. Il leur faut un soutien réel, à tous les niveaux, administratif, politique, scientifique, social. Sans une telle mobilisation, aucune recherche et aucune créativité ne pourront se maintenir sur un temps suffisamment long pour qu'on soit assuré d'un acquis véritable, éradiquant enfin ces facteurs de carences et de souffrances dont les enfants des pouponnières restent encore victimes.

Discussion

Effectivement, il y a toujours une usure des bonnes volontés à l'intérieur des pouponnières. Est-ce que vous pourriez préciser comment le maintien d'une recherche de renouveau perpétuel peut se faire dans ces établissements, et comment on peut éviter cette espèce d'apathie, de routine qui réapparaît si fréquemment? Est-ce que l'administration, en particulier, peut jouer ici un rôle?

DANIELLE RAPOPORT : Actuellement, il me semble que l'administration n'en est pas encore à généraliser les propositions d'un soutien tel que nous le souhaiterions véritablement. Mais il y a des efforts pour que, déjà, ne se répètent plus des actions qui vont à l'encontre de ce soutien et de cette créativité possible, pour empêcher des situations où toute sortes d'initiatives ne peuvent pas se prendre. Je pense à certains barrages, et à certaines réalités qui sont véritablement bloquantes. Mais de plus en plus, l'administration semble prendre conscience de son pouvoir pour nous aider à promouvoir cet esprit de recherche et de renouvellement de nos actions. Actuellement, au niveau ministériel et au niveau des D.D.A.S.S., se mettent par exemple en place des missions d'assistance technique et de formation qui tendent à promouvoir des processus de changements dans l'Aide sociale à l'enfance. Il faut à la fois profiter de cet appui, mais aussi le consolider, le favoriser en retour, pour lui donner une portée réelle [1].

On privilégie très souvent le travail auprès des enfants, qui évidemment passe en premier, mais il y a un travail qui se fait entre adultes professionnels par rapport à des parents, à des familles d'accueil, par rapport aux enfants etc. Or ce travail entre les adultes est toujours mal vu par l'administration comme si c'était quelque chose de tout à fait accessoire, qui ne servirait à rien. L'expérience montre que c'est au contraire un travail fondamental pour la suite, et j'aimerais que l'on puisse dire haut et fort ici que ce n'est pas simplement des discussions entre adultes, à considérer « comme des bavardages », que cela aide à faire mieux son travail auprès des enfants. Tant que l'on ne pourra pas faire comprendre cela à l'administration, les processus de changements dont vous parlez resteront certainement « coincés ».

D. R. : Il est en effet très important de favoriser des réunions qui sont des occasions d'échanges. Je pense même que l'administration pourrait aider des établisse-

1. P. VERDIER, *L'Enfant en miettes*, Privat, 1979; et J.-L. BIANCO & P. LAMY, *L'Aide à l'enfance demain*, op. cit.

ments à réorganiser un « planning » en fonction du personnel et des activités de la pouponnière, dans l'intérêt de l'enfant, tout en préservant l'intérêt du personnel — et que cela serait matière à réflexion dans les réunions dont vous parlez. L'Administration pourrait en effet aider à ce que l'intérêt des adultes et l'intérêt des enfants ne soient pas dans ce cas-là incompatibles et faire en sorte que certains obstacles puissent tomber. Mais l'Administration, avec un grand « A », qu'est-ce que c'est? C'est aussi bien la direction administrative de la pouponnière que toute la voie hiérarchique au-dessus de cette direction, et toute cette hiérarchie va faire en sorte que les responsabilités soient diluées. Je pense à une directrice de pouponnière qui disait : « Souvent, à la place où nous nous trouvons en tant que responsables de la pouponnière, il n'y a pas de possibilité de décision ou d'invention au niveau de la gestion; il faut toujours s'en référer à des avis, des autorisations, des responsables hiérarchiques supérieurs. Quelquefois même, dans certains établissements, nous ne pouvons même pas ouvrir notre courrier. » Et cette directrice ajoutait : « Mais comment peut-on être adulte avec des enfants et avec leur famille, comment peut-on avoir avec eux une relation de personne à personne... alors que nous-même, nous ne sommes pas considérés dans notre travail comme des adultes à part entière?... »

Cependant, l'Administration est quelquefois un alibi : c'est la méchante Mère et elle fonctionne un peu comme ce que les psychanalystes appellent les « mères archaïques », que l'on retrouve dans les contes de fées — la sorcière, la méchante mère, la marâtre et elles nous terrorisent, comme si nous avions besoin d'avoir un alibi. Peut-être faudrait-il se demander pourquoi nous vivons ainsi cette Mère Administration, et, à l'échelon inférieur, tel établissement, de telle sorte qu'aucune initiative personnelle, individuelle, ne peut éclore. Cela devrait faire partie de la réflexion du personnel des établissements et de cette nouvelle approche des pouponnières.

On a trop souvent le réflexe de poser le soutien technique comme un préalable à toute démarche de changement des institutions. Mais si les conditions de travail ne changent pas, cela repose peut-être sur la volonté ou l'absence de volonté des gens, au niveau institutionnel. Alors, faut-il leur apporter un soutien technique, ou des possibilités de réunion, ou un certain type d'encadrement, ou au contraire chacun ne devrait-il pas être auteur de changement ?

D. R. : Ce n'est pas l'*un-ou-l'autre*. Par exemple, si nous pensons au soutien technique apporté justement par les techniques d'éveil du tout-petit, celles-ci n'empêchent pas que le personnel se réunisse, et cela l'implique même. En effet, il s'agit d'introduire, au moyen ou avec le support de ces techniques, une autre relation avec l'enfant. Or, *l'enfant sait ce que faire veut dire :* quand on agit d'une certaine façon avec lui, c'est tout un langage, une communication, un désir de faire d'une certaine façon, de le vivre et de le ressentir qui passe à travers les gestes de ces auxiliaires qui ont les bébés dans les bras. Il s'agit qu'elles donnent un sens à ce qu'elles font. Mais nous n'allons pas en conclure parce que cela se passe au niveau des actes, de l'agir, des gestes, que cela peut remplacer les réunions! Nous ne pouvons réduire les soutiens techniques dont vous parlez à de simples soutiens-techniques-qui-seraient-dépourvus-de-significations. Cela doit s'inscrire dans tout un projet, tout un mouvement institutionnel qui ne peut passer que par la réflexion et la communication entre les adultes professionnels concernés.

Quel temps de réflexion est laissé au personnel des pouponnières, et cela sur son temps de travail, pour « penser » davantage ce qui est « fait » auprès du jeune enfant ?

D. R. : Cela dépend des établissements. Dans de trop nombreux cas encore, ce temps est presque nul et l'on entend encore dire, nous l'avons vu : « A quoi servent ces échanges, cette information, si ce n'est à bavarder. » Il faut revenir sur ce point : la charge émotionnelle de ce travail auprès des enfants, à tous les niveaux, est telle qu'elle n'est supportable et bénéfique pour l'enfant et les professionnels que si elle s'accompagne d'une réflexion et d'une revalorisation intellectuelle. Seules, celles-ci permettent de comprendre et de contrôler ce que l'on fait. D'une part, on ne cesse de dire aux auxiliaires, aux éducateurs, aux travailleurs sociaux que leur rôle est fondamental, et, d'autre part, on ne leur donne pas les moyens et les supports nécessaires pour assumer ce rôle.

Ne pensez-vous pas que l'investissement affectif des auxiliaires est aussi nécessaire au bien-être affectif de l'enfant que l'investissement affectif du père ou de la mère?

D. R. : Oui, bien sûr, mais le problème est qu'on ne peut pas demander à une auxiliaire de puériculture d'avoir le même investissement affectif pour un groupe de six ou huit enfants, dans les meilleures conditions, quand ce n'est pas neuf ou dix enfants, comme si elle avait été leur mère, pour chacun, dans le sens de la mère « disponible », bien entendu. Dans le meilleur des cas et en restant honnête, comment demander à une auxiliaire d'avoir un investissement affectif individualisé et réparti également envers ce grand nombre d'enfants, alors que ces auxiliaires vont avoir des horaires différents, avec des week-ends et des congés à prendre, et dans des conditions de travail souvent difficiles? Je pense que la proposition d'être des substituts maternels était certainement justifiée à un moment donné de la prise de conscience des problèmes, mais, actuellement, ce n'est pas honnête, vis-à-vis des difficultés des auxiliaires, de leur demander le même investissement affectif qu'aurait une mère pour un, deux ou trois enfants alors qu'elles travaillent dans des *collectivités* d'enfants, et que ces enfants seront dans ces établissements de façon transitoire. Alors nous disons : investissement affectif, oui, ce n'est pas possible autrement — mais encore faut-il qu'il soit contrôlé, évalué, apprécié, et cela demande une réflexion professionnelle, une organisation du travail qui n'est pas encore faite partout, et qui est quelque chose de très complexe parce qu'elle doit répondre à la fois aux intérêts très individualisés des enfants de cet âge et aux intérêts professionnels des adultes qui s'en occupent.

Ce qui est difficile pour ces adultes, c'est d'établir une relation structurante avec un enfant en collectivité, qui arrive et qui va bientôt repartir, alors que cela se multiplie par sept ou huit enfants (tandis que pour l'enfant cela se multiplie par trois ou quatre adultes privilégiés, plus tous les autres, plus les stagiaires!...) Dans des situations professionnelles aussi difficiles, je pense qu'il est quelquefois utile de s'appuyer sur des techniques qui facilitent l'établissement d'inter-relations. Ces « techniques d'éveil du tout-petit », qui reposent essentiellement sur le mouvement et sur le jeu, partent de l'observation continue du développement global de chaque enfant; elles entraînent une transformation insensible et fondamentale de l'adulte, dans sa manière de le regarder, de lui parler, de le porter pour le changer, le laver, le nourrir; ces techniques, qu'il faut apprendre pour qu'elles deviennent naturelles, qui sont utilisées dans un temps limité de façon individualisée avec chaque enfant, retentissent en fait sur la qualité de toutes les attitudes de la vie quotidienne, enfin accordées au rythme de l'enfant et à sa demande entendue. Car il ne s'agit jamais d'excès de stimulations ou de recherches de performances, mais d'échanges, d'imitation, de relance d'une activité qui va vers l'autonomie. Par rapport au problème de l'attachement adulte-enfant, si aigu en collectivité, elles apportent des moyens de médiatisation et permettent un équilibre entre le contrôle de soi et la spontanéité nécessaire.

Insistons à nouveau sur le fait que tout ne peut pas reposer sur un seul type de propositions : les techniques d'éveil en sont un. Mais il en existe bien d'autres pour soutenir un projet de vie pour l'établissement et pour chaque enfant. Chaque établissement doit trouver ses propres réponses. Encore faut-il qu'il se pose des questions! Nous vous faisons des propositions qui ne sont pas parfaites certes, et à partir de cela, il y a des critiques. Mais, au moins, il se passe quelque chose, le problème est posé, et c'est dans ce sens que nous disons que ces techniques, ce soutien sont un « prétexte » à réflexion, et à désirer autre chose. Ce qui est important, c'est d'être lucide et de savoir qu'il s'agit d'un prétexte, mais, en l'occurrence, le prétexte est bon parce que sortir un enfant de son lit pour le mettre sur un tapis et le faire jouer, jouer avec lui, lui permettre de jouer avec d'autres enfants et de découvrir son environnement correspond de toute façon à quelque chose qui fait que l'enfant sera mieux — parce que cela correspond aux besoins de son développement psychomoteur — et à condition qu'il s'agisse d'un plaisir partagé entre les enfants et les adultes.

Dans d'autres cas, ce seront les réunions qui seront un prétexte à réflexion. Mais de la même façon que les propositions de « gymnastique » du nourrisson peuvent être complètement déviées de leurs sens, de la même façon, on pourrait dire qu'une interprétation psychanalytique qui « tomberait » d'une façon déplacée dans certains groupes, dans certaines réunions, dans certains établissements ne serait pas mieux adaptée. En effet, on connaît des interventions qui tombent complètement à faux dans la dynamique évolutive d'un groupe, et c'est également une déviation de ce que devrait être le respect de l'évolution de chacun dans une telle problématique. Ici aussi, ce n'est pas l'approche psychanalytique qui est à remettre en question mais l'utilisation qui en est faite.

Est-ce que nous connaissons l'avenir des enfants qui sont passés dans les pouponnières? Comment sortent-ils, comment se fait la rupture avec la personne qui s'est particulièrement attachée à eux et à laquelle ils ont pu s'attacher? Enfin, étant donné la qualité des soins et de l'aide qui est apportée aux enfants par certaines pouponnières, faut-il encore proposer un placement familial pour les tout-petits?

D. R. : Ce sont des questions très complexes. Tout d'abord vous parlez du devenir de « l'enfant qui passe par les pouponnières ». Mais peut-on généraliser? Il s'agit toujours de « cet enfant-là », dans « cet » établissement-là, et ce n'est pas vraiment les-enfants-de-pouponnières. Il faut absolument poser les problèmes en termes d'individu : cet enfant-là, à un moment donné, d'où vient-il et où va-t-il aller? En fait, il intégrera son vécu de la pouponnière en fonction de ce qu'il a déjà vécu *avant*, en fonction de ce que cette pouponnière va lui proposer *pendant* le temps qu'il va y passer, et de ce qui va se passer pour lui *après*. Mais, de toute façon, il y aura rupture et séparation. Or on sait maintenant que dans le développement de la personnalité d'un être humain, ces ruptures, ces séparations entraînent une insécurité porteuse de risques considérables. Mais quand nous disons « risques », nous ne savons pas comment l'enfant va pouvoir compenser plus tard, et surtout ce que la vie va pouvoir lui fournir pour se défendre. Ce que nous savons, c'est que nous pouvons *aménager* ces ruptures et ces séparations pour qu'elles soient le moins traumatisantes possible pour l'enfant. Il est vrai que, dans certains cas, les enfants ont trouvé dans leur vie des éléments qui leur ont permis d'assimiler, d'intégrer ce qui s'était passé, et devenir des adolescents équilibrés, des adultes capables de construire un couple et d'élever des enfants dans des conditions que nous pouvons trouver satisfaisantes et heureuses. Mais nous ne pouvons pas, au nom de ces personnes qui ont pu s'en sortir, éluder le fait à présent établi que les risques sont considérables et que, dans bien des cas, au cours des ruptures successives, ces facteurs de risque peuvent s'aggraver et se surajouter, et sont quelquefois irréversibles dans leurs conséquences. Les études longitudinales prouvent en particulier que les enfants qui ont été traumatisés par des carences de relations affectives et des ruptures traumatisantes dans leur petite et tendre enfance deviennent des adultes qui vont « répéter » ces traumatismes, et nous assistons à des réactions en chaîne de familles de l'Aide sociale à l'enfance qui « se transmettent » en quelque sorte, de répétitions en répétitions et de générations en générations, l'incapacité de vivre une vie stable et heureuse. Les publications sur ce sujet sont multiples, et l'on peut s'étonner que la prise en charge de ces enfants ne se soit pas modifiée pour interrompre ces réactions en chaîne. Mais il faut remarquer que les psychiatres et les travailleurs sociaux qui ont noté tous ces phénomènes ne travaillent pas justement dans les pouponnières ou dans les secteurs de la toute petite enfance, et ce ne sont pas les mêmes qui observent les conséquences à long terme des carences affectives de la petite enfance, et ceux qui travaillent dans des établissements porteurs de ces facteurs de carence. Ce qui est important, à présent, c'est de se dire que, à l'endroit où l'on travaille, on sait qu'il faut diminuer ces facteurs de risques, et que c'est ce que nous devons tous faire à présent.

Dans la deuxième partie de votre question, vous avez fait allusion au placement familial par rapport au placement en pouponnière. Personnellement, si je regarde la réalité actuelle des choses, je ne pense pas que cela se pose en terme de préférence : *l'un*-ou-*l'autre*. En effet, un établissement qui se veut thérapeutique et qui veut réparer tout ce que l'enfant a vécu de traumatisant va avoir un véritable projet pour cet enfant, lui offrir deux ou trois personnes très stables, dont une va être garante de la continuité de l'enfant et, en quelque sorte, son porte-parole. Elle va pouvoir vraiment assurer pour cet enfant-là, avec le soutien de tout cet établissement, de bonnes conditions pour s'occuper de cet enfant et répondre exactement aux soucis que vous vous faites pour lui. Si l'on compare avec un placement familial qui n'aurait pas les mêmes qualités, ou le même soutien, ou le même projet, je ne crois pas dans ce cas-là que le placement familial soit meilleur. Tout dépend de la qualité du projet, tout dépend de ce qui est offert à l'enfant dans les conditions qui sont fournies. Sinon, c'est un peu comme si l'on disait : bonne nourrice, mauvaise crèche ou, le contraire; mauvaise nourrice, bonne crèche. A partir du moment où tout est fait dans l'intérêt de l'enfant, c'est la solution qui sera à la portée de main, qui sera la plus proche du domicile familial, qui évitera des séparations trop longues ou trop définitives, qui devra être utilisée. C'est la solution qui respectera le plus les habitudes de l'enfant et les contacts possibles avec sa famille. Je ne crois donc pas qu'il faille opposer les différents types de placements, et retomber dans des querelles d'école [1].

A vous écouter, l'arrivée du Messie, entre autres les psychologues, permettrait de faire « prendre conscience » à tout le monde, de stimuler l'enfant dans les divers actes de la vie quotidienne... Si nous devions attacher une psychologue à chaque mère de famille, nous serions complètement envahis. Qu'en pensez-vous?

D. R. : Il se trouve que, dans de nombreux articles que je vous ai cités, dans de nombreux documents filmés, c'est le regard neuf d'une équipe venant de l'extérieur, et toujours avec une ou un psychologue, qui

1. Cf. « De l'Assistance publique aux assistances maternelles », in *Les Cahiers de Germinal*, 1980 et M. David : *Le Placement familial : thérapeutique... ou mal social?* op. cit.

a fait évoluer les établissements. Il se trouve que c'est le regard extérieur des psychologues qui a également fait que les auxiliaires de certaines pouponnières ont pris à un moment donné conscience de ce ghetto extraordinairement fermé qu'était leur établissement. Certes, dans bien des cas, ce n'est pas le fait des psychologues seules, et même dans d'autres cas, c'est le fait d'une tout autre personne. Par exemple, la directrice de tel établissement est allée à un congrès comme celui-ci, elle en est revenue en proposant une réunion à son personnel, et en faisant part de tout ce qu'elle a ressenti au cours de ce congrès; certaines de ses auxiliaires seront intéressées, vont collaborer avec elle et un processus de changement va se mettre en place. Mais cela aurait pu être le pédiatre, ou quelqu'un d'autre. Il se trouve que dans de nombreux cas, historiquement, c'étaient des psychologues. Mais il ne s'agit pas du tout d'envahir les familles, rassurez-vous! La pouponnière, par contre, pose bien d'autres problèmes, en tant que collectivité de très jeunes enfants, que ceux qui, d'une façon générale, se posent dans les familles.

Je voudrais cependant faire remarquer à tous que je ne vois pas pourquoi les psychologues resteraient en retrait! Ce sont des psychanalystes et des psychologues qui ont découvert les problèmes que pose la carence de soins maternels, qui ont découvert que le tout petit enfant n'était ni un tube digestif, ni un adulte en miniature, et je ne vois pas pourquoi on ne rendrait pas aux psychanalystes et aux psychologues ce qui leur appartient, et ce qui est venu d'eux. Cependant, un psychologue isolé ne peut travailler efficacement. C'est vous tous, autant que vous êtes, avec votre spécialité et à la place que vous occupez, qui pouvez en équipe être un des éléments moteurs permettant de réaliser de véritables changements. C'est pourquoi, en guise de conclusion, nous publions ici un document de travail qui a été rédigé par des praticiens engagés dans l'action que le ministère de la Santé mène actuellement dans les pouponnières, dans le cadre de la réforme de la politique de l'Aide sociale à l'enfance. Ce document formule *les principes essentiels sans lesquels ces diverses actions de sensibilisation et de formation ne pourront pas atteindre leurs objectifs.*

DES LIEUX DE VIE, DES PROJETS DE VIE[1]

Toute action envisagée avec les pouponnières pour assurer le bien-être des enfants doit être imprégnée par l'ensemble des préoccupations présentées ci-dessous. Même s'il n'est pas possible de les aborder d'emblée simultanément, elles doivent demeurer en filigrane dans les esprits de tous les responsables concernés et doivent être prises en compte à chaque moment dans leur globalité.

On partira tout d'abord des principaux faits établis à ce jour et des connaissances dont on n'a pas encore tiré les conséquences pratiques, qui s'imposent pourtant. Puis nous envisagerons ce qui, dans la pratique quotidienne des pouponnières, découle des données actuelles de l'hygiène mentale infantile, à savoir que le temps de séjour de l'enfant à la pouponnière ne doit plus être un temps pris « en soi » isolément, que malgré son caractère transitoire, ce temps, qu'il soit de courte ou de longue durée, doit être pour l'enfant un temps de réparation et/ou de construction, et non plus un temps d'attente plus ou moins vide, et qu'au mieux de l'intérêt

1. Ce texte a été rédigé par un comité de réflexion auquel participaient sous la direction de Geneviève Appell, A. M. Dangin, directrice de crèche, J. Lévy, kinésithérapeute et directrice du Centre d'assistance éducative du Tout-Petit, J. Leclerc, directrice de pouponnière, P. Maguin, pédiatre, D. Rapoport, psychologue, Y. Rebours, directrice de pouponnière.

de l'enfant, on doit organiser un travail en équipe et assurer un soutien mutuel.

RAPPEL DES PRINCIPAUX FAITS CONNUS A CE JOUR

En ce qui concerne l'enfant et sa famille et les risques particuliers qu'ils courent à l'A.S.E.

— La spécificité du psychisme de l'enfant âgé de moins de trois ans doit être connue du milieu qui est responsable de lui, et qui le prend en compte à chaque étape de son développement.

— Le danger, présent et futur, que représente pour le jeune enfant, où qu'il soit, un état de carence, doit susciter une vigilance constante. Ce danger est d'autant plus grand qu'en dehors des états de carences spectaculaires, faciles à détecter, existent des états aux formes plus subtiles, qui, passant inaperçus, demeurent non traités et handicapent sournoisement l'avenir.

— Le facteur « temps » est totalement différent pour l'adulte et pour l'enfant : « Plus l'enfant est jeune, plus le temps est long. »

— La rupture d'avec la famille est toujours dangereuse : d'une part, du fait des effets néfastes sur l'enfant de la perte de sa mère et de sa famille et, d'autre part, du fait de la « distance » qui s'installe entre eux. Chacun évoluant indépendamment, les parents, comme l'enfant, risquent, lors de la réunion, de ne plus « reconnaître » ou « retrouver » le partenaire. L'enfant en quelque sorte perd sa place auprès du couple et au sein de la fratrie.

— La fragilité, l'absence ou l'inexistence des familles dont les enfants arrivent en pouponnières impliquent toujours des difficultés antérieures pour l'enfant, devenu alors particulièrement sensible à la séparation et aux situations de carences.

— Les ruptures répétées ont pour l'enfant un caractère cataclysmique lorsqu'il perd un milieu connu et surtout les personnes avec lesquelles il a établi une relation. Des mécanismes de régression apparaissent alors, avec des difficultés de plus en plus grandes de récupération. De plus s'installe une tendance à la répétition : l'enfant, par son comportement, induit lui-même les ruptures, du fait de son incapacité à maintenir des relations pourtant satisfaisantes.

— A plus long terme, c'est l'aspect angoissant pour l'enfant devenu plus grand des « trous » dans son histoire personnelle, temps qu'il ne peut partager avec personne, si les témoins ne l'ont pas transmis et que personne ne sait plus rien.

— La complexité constante de la situation familiale rend incertaines les possibilités d'évolution et plus particulièrement vulnérables les liens existants.

En ce qui concerne l'accueil de l'enfant en collectivité et les services intervenant auprès de lui.

— La difficulté d'éradiquer les facteurs de carences dans une collectivité de petits est considérable, ce dont on n'est pas toujours conscient.

— Il est clair qu'une compétence spéciale est indispensable pour répondre aux besoins des jeunes enfants en collectivité et des recherches sont en cours sur ce que ce travail requiert d'apprentissage et de contrôle. On sait maintenant que la capacité à élever de jeunes enfants en collectivité ne relève pas du seul instinct maternel, ni de la seule spontanéité ou du seul bon sens de toute femme de cœur.

— Il est difficile de définir qui est garant du bien-être de l'enfant, parmi les multiples personnes amenées à intervenir auprès de lui, ou ayant un pouvoir de décision quant à ses conditions de vie, ou à son avenir.

— Il est difficile de trancher qui a la priorité, lorsque l'intérêt de l'enfant entre en contradiction avec les désirs de ses parents ou des adultes qui s'occupent de lui, cela à court ou à long terme.

Pour conclure cette liste de constats, il faut insister sur *la charge émotionnelle* que représente, pour ceux qui le confient, le fait de laisser son enfant entre les mains d'autrui et sur la charge émotionnelle que représente, pour tout adulte concerné, le fait apparemment simple de s'occuper des enfants des autres. Toute personne s'intéressant à un enfant — que ce soit dans une fonction soignante, éducative, sociale, administrative ou judiciaire — imagine pour lui *une famille idéale*. Ce souhait, qui est activement à l'œuvre même si ce n'est pas toujours de façon pleinement consciente, ne peut pourtant jamais coïncider avec *la réalité familiale de l'enfant*, ce qui suractive intolérance et conflits.

Cette charge émotionnelle nécessite une réflexion permanente, qui seule permet de ne pas laisser jouer les fantasmes de devenir « la bonne mère » pour cet enfant. Ainsi peut être trouvée la juste place auprès de lui, en s'adaptant à ses besoins propres. De même, le risque est grand de perdre de vue *la réalité de l'enfant* qui vous est confié, au profit de *l'enfant imaginaire* que tout un chacun porte en soi.

CE QUI EN DÉCOULE DANS LA PRATIQUE

— *Le temps de séjour à la pouponnière ne doit en aucun cas devenir un temps pris « en soi » isolément, coupé du futur et du passé de l'enfant*, au risque de détourner le placement de son objectif qui doit rester : offrir un lieu d'accueil à l'enfant, tandis qu'est recherchée activement la meilleure solution de vie pour lui, en fonction de ses besoins propres et de l'évolution de sa situation familiale et juridique.

Cela a pour conséquence que tout travail avec les pouponnières doit comporter :

— *Une réflexion commune aux services sociaux, aux services administratifs et aux établissements sur l'opportu-*

nité de l'admission. Est-ce pour cet enfant la solution la plus favorable? Ou est-elle utilisée parce que la plus facilement accessible? Ou la plus rapide? Que peut-on envisager d'autre? Serait-ce meilleur?

Se pose ici le problème de l'urgence qui élimine les possibilités d'autres solutions et de préparation du placement. En fait, dans bien des cas, il serait possible de prendre en charge sans réaliser pour autant l'admission sur-le-champ. La véritable urgence est rare, et un placement fait dans la précipitation devrait être l'exception.

— *Une réflexion sur la préparation à l'admission de l'enfant et de sa famille,* par exemple : information, prise de contact, transmission de la connaissance des habitudes quotidiennes de l'enfant, apport de jouets, vêtements, etc., organisation des visites des parents ou d'une personne connaissant l'enfant, modalités de l'introduction de l'enfant dans son groupe, prise en charge par la personne qui s'occupera de lui, *parler de son avenir, donc envisager sa sortie dès son arrivée.*

— *La recherche, tout au long du séjour, des moyens assurant une vigilance permanente quant à son devenir ultérieur,* en collaboration avec les diverses personnes qui partagent la responsabilité de l'enfant, pour s'assurer que nul ne laisse la situation s'enliser dans un *statu quo* stérile. La prolongation du séjour d'un enfant en pouponnière ne devrait être acceptée que dans la mesure où elle permet la mise en place d'une meilleure solution de vie ultérieure pour lui, soit du fait de sa propre évolution, favorisant la réussite de la solution qui sera retenue — soit du fait de la progression de la compréhension de la situation familiale permettant aux personnes responsables de prendre leurs décisions avec plus de garanties, y compris sur le plan de son statut juridique — ou encore du fait d'un travail psycho-social entrepris auprès de la famille rendant possible son retour chez lui ou son placement dans les conditions les plus constructives possibles.

— *La nécessité de tenir au courant de son histoire l'enfant lui-même et le personnel qui s'occupe directement de lui.* Nous savons qu'il est indispensable, pour l'équilibre de leur relation et le devenir de l'enfant, que ni l'un ni l'autre n'en soient tenus à l'écart. Le silence, non seulement occulte une incertitude angoissante, qui, pour masquée qu'elle soit, n'en demeure pas moins agissante, mais il entretient de plus un leurre nocif pour leur devenir à tous deux. Toutefois, il est indispensable que soient mis en place la protection et le soutien qui leur permettront de faire face à l'angoisse que cette histoire soulève en eux et qui marque leur attachement mutuel et leur vie au sein de l'institution.

— *La prise en compte dans le même temps de l'état et l'évolution possible des relations parents-enfants.* Une réflexion approfondie doit être menée à propos de chaque cas, afin que l'institution accompagne l'enfant. Il s'agira de l'aider soit à passer d'un milieu à l'autre lorsque des retours itératifs sont possibles, soit à maintenir une représentation vivante de ses parents et de nombreux moyens peuvent être mis en place à cet effet : visite de ceux-ci ou des proches, retour dans l'ancien quartier, communications téléphoniques, objets et vêtements personnels, verbalisation, etc., soit à faire face à l'anéantissement que représente pour lui la perte cruelle de ses parents, soit à faire le deuil de ses parents disparus sans pour autant en effacer le souvenir.

— *Une réflexion sur la préparation de l'enfant à son départ de la pouponnière et sur l'aide en vue de son insertion dans son nouveau milieu.* Par exemple : préparation verbale, visites préalables, échanges approfondis entre les adultes qui ont une signification affective pour l'enfant et ceux qui vont l'accueillir, accompagnement de l'enfant dans son nouveau lieu de vie, visites ultérieures, départ avec vêtements, jouets familiers, ainsi que photos et observations permettant à l'enfant de retrouver ce temps de son histoire, et tout autre moyen...

— *Malgré son caractère « transitoire », le temps de séjour à la pouponnière, qu'il soit de courte ou longue durée, doit être pour l'enfant un temps de réparation et/ou de construction et ne peut être un temps d'attente plus ou moins vide*. Sans se substituer à la famille, ce qui n'est jamais possible, la pouponnière doit pour assurer l'intégrité physique, affective et mentale de l'enfant, remplir auprès de lui « les fonctions maternelles et familiales » sans lesquelles nous savons maintenant qu'un très jeune enfant ne peut se développer. Des moyens originaux, spécifiques à cette situation de collectivité permanente, doivent être inventés et mis en place pour assurer ces fonctions indispensables.

Certes, chaque institution peut trouver la structure institutionnelle, les modes de fonctionnement et les moyens qui conviennent le mieux à son histoire, sa localisation, ses options fondamentales, ses affinités, etc., et il n'y a pas de modèle unique. Par contre, il paraît indispensable que l'institution, en partant des besoins des enfants qu'elle accueille, se donne un *projet de vie* pour eux. Projet suffisamment souple pour s'adapter à l'unicité de chaque enfant, mais suffisamment permanent et cohérent pour garder auprès de lui son caractère structurant et sécurisant.

Au centre de la réflexion de l'équipe d'adultes, ce projet aide chacun à comprendre le sens de son travail, sert de référence lors d'interrogations et de discussions autour de problèmes d'organisation concrète quotidienne. Seul un tel projet garantit que les décisions seront prises en fonction des besoins des enfants et non pas en référence à d'autres impératifs administratifs ou institutionnels ou encore en réponse aux seuls désirs des adultes. Ce projet doit aussi pouvoir évoluer à partir des observations faites ou expériences vécues par chacun, les enfants, toutefois, étant toujours protégés de tous les changements brusques, non expliqués, changements profondément destructeurs, insécurisants et désorganisateurs pour eux. C'est pourquoi, en l'état actuel des connaissances, ce projet devrait respecter les impératifs suivants :

— *Prendre en compte la globalité des besoins des jeunes enfants et leur interdépendance*. La satisfaction isolée d'un des besoins ne peut compenser la carence d'un autre et donc être réellement bénéfique.

— *Un effort d'observation constant et systématique doit permettre aux adultes d'être présents aux signaux et réactions de l'enfant,* dont on sait que les mouvements émotionnels s'expriment à cet âge sous des formes qui peuvent passer facilement inaperçues. Chaque enfant doit être individualisé aux yeux de chaque adulte et doit pouvoir se sentir un être respecté et unique parmi d'autres.

— *Le minimum de personnes, toujours les mêmes, doit seul intervenir auprès d'un enfant : que l'une d'entre elles soit spécialement responsable de son bien-être, de son développement et garante de son histoire.* Entre elle et l'enfant s'installe une fine connaissance mutuelle qui permet le développement d'une communication verbale et non verbale à travers laquelle l'enfant s'exprime, se sent reconnu et pose ou maintient ses capacités relationnelles. Cette relation privilégiée (c'est-à-dire celle qui a pour l'enfant une signification affective), différente, dans son essence comme dans son expression, d'une relation maternelle, doit néanmoins garantir à l'enfant les éléments constitutifs apportés habituellement par cette dernière. Cette relation doit être reprise au sein de l'équipe, afin que le personnel reçoive le soutien auquel il a droit.

— *Qu'une certaine unification des modes de faire assure à l'enfant la possibilité de se « repérer » dans l'interaction adulte-enfant, et de se situer dans le temps et dans l'espace,* puisque inéluctablement il « passe entre plusieurs mains ». *Cela exclut que soit confiée à des stagiaires la prise en charge des enfants.* Ce qui n'exclut pas, par contre, qu'une fonction de formation puisse être fournie par la pouponnière, sous forme de stage d'observations reprises et discutées avec l'établissement et les écoles intéressées.

Alors seulement l'enfant peut apprendre, à l'âge où tout enfant l'apprend normalement, ce qu'il peut attendre, sur quoi il peut compter, vers qui il peut se tourner. Il apprend à anticiper ce qui va arriver, repérer ce qui est permis et défendu, à expérimenter ce qu'il peut faire lui-même sur son environnement, qui il est, qui est l'autre, qui est sa famille. Tout cela est nécessaire à son sentiment de sécurité et à l'élaboration de sa confiance en l'adulte et en lui-même.

— *Que lui soit apportées, chacune en leur temps, les stimulations propres à son âge et indispensables à son développement,* par exemple : dans la découverte et l'expérimentation de son corps, au travers de jeux libres ou d'activités proposées par l'adulte; dans la découverte des objets; dans la rencontre des autres enfants en prenant garde de le protéger d'expériences qui peuvent représenter pour lui des agressions profondément destructrices; dans l'exercice d'activités diverses et créatives, musique, graphisme, dessin; dans l'ouverture au monde extérieur, sorties, promenades, participation aux actes courants de la vie quotidienne, introduction réfléchie de nouveaux adultes. Tout cela doit être l'occasion d'échanges verbaux riches et variés avec l'adulte conduisant ces activités, en se rappelant que l'enfant ne peut en bénéficier que s'il est assuré de l'existence pour lui d'une relation privilégiée, même si l'adulte qui l'incarne n'est pas présent physiquement au moment donné.

POUR QUE CE TRAVAIL SE DÉROULE AU MIEUX DE L'INTÉRÊT DE L'ENFANT, IL FAUT ORGANISER UNE RÉFLEXION EN ÉQUIPE ET ASSURER UN SOUTIEN MUTUEL

Dans le cadre de la pouponnière

Pour qu'une institution puisse maintenir son projet vivant, actif et créateur, il faut qu'un minimum de conditions préalables et indispensables soient observées :

— Personnel en nombre suffisant et stable.

— Concertation pluridisciplinaire.

— Soutien actif et régulier des personnes prenant directement en charge les enfants. Ce soutien peut et doit prendre des formes diverses : échanges individuels, réunions de groupe et de synthèse, observations, perfectionnement sur place, recherche, formation à l'extérieur, etc. Ce travail de concertation et de soutien exige que le planning des services ménage des possibilités de rencontres.

— Les différents membres de l'équipe doivent être également impliqués face au travail, mais de façon différente. Certains, plus en retrait au regard du vécu quotidien, doivent aider à une reprise de distance souvent nécessaire face à l'impact émotionnel que ces situations ont sur les personnes qui, elles, sont en prise directe auprès des enfants et des familles.

En l'absence d'un tel travail, on voit s'installer des « sur-investissements » ou des « désengagements » aboutissant à des passages à l'acte, ou encore à l'élaboration de mécanismes de défense subtils et variés, tout aussi destructeurs pour les enfants que dommageables pour les adultes.

... Le prix de journée ne peut ignorer ces exigences.

Et hors pouponnière

La complexité et la fragilité des situations familiales qui sont à l'origine de l'arrivée d'un enfant à l'A.S.E. entraînent toujours l'intervention d'un grand nombre de personnes : inspecteurs, médecins, assistantes sociales, juges, etc.

Un énorme travail de réflexion, de concertation en vue de l'élaboration d'un plan de travail, de répartition des rôles et des tâches ainsi qu'une définition des responsabilités est à faire pour chacun des cas, en articulation avec l'équipe de la pouponnière. Ainsi, les luttes de pouvoir qui s'installent assez naturellement entre les services et les personnes risqueront moins d'être renforcées par la résonance que la problématique familiale entraîne inévitablement, conduisant à des conflits stériles.

Ainsi seulement pourra être tentée une aide à l'enfant et à sa famille, et évitée l'inertie qui prolonge indéfiniment le séjour de l'enfant.

Ramasser les objets de valeur

Hervé consulte à dix ans pour des difficultés scolaires importantes. Cet enfant intelligent, très fin et émotif avait déjà dû bénéficier d'une rééducation du langage et d'une aide psychologique, en raison d'une inhibition verbale considérable qui avait suscité l'inquiétude de ses parents et de son institutrice à l'école maternelle. L'amélioration avait été très sensible, mais au fil des années, on constatait que l'enfant n'utilisait pas vraiment ses possibilités.

Hervé a été adopté à onze mois. On sait qu'il a séjourné dans deux pouponnières. Alors qu'on avait prévenu ses parents d'une longue attente avant de pouvoir adopter un enfant, ils sont invités très rapidement à venir chercher cet enfant. Peut-être ne sont-ils pas vraiment prêts? La maman ne peut pas interrompre très longtemps son travail, et cet enfant déjà fragilisé va souffrir de trois modes de garde différents et peu satisfaisants, avant d'entrer trop précocement pour lui en maternelle. Un blocage du langage s'installe, reflet d'autres blocages des parents non soutenus, non conseillés. Lorsqu'ils pourront faire aider l'enfant à sept ans, après un échec révélateur au cours préparatoire, ils vont se rassurer très vite devant les progrès spectaculaires de leur petit garçon. Les aides diverses seront sans doute interrompues trop tôt, mais peut-être aussi sont-elles intervenues trop tard, tant semblent profondes les origines des difficultés de l'enfant : il dessine, à dix ans, une famille miniaturisée dont il dit : « J'ai raté, ils devaient se tenir la main, il y aurait beaucoup de portes, beaucoup d'appartements. »

Et à la « planche blanche » d'un test de personnalité connu — le T.A.T[1] *— il imagine : « On verrait une maison, un petit village, un clocher. On pourrait le visiter. Il y aurait une église en ruine. Une personne, une dame, le filmerait; il était joli. Ils n'ont pas ramassé les objets de valeur... »*

1. Thematic Apperception Test.

De l'abandon de l'autorité parentale au consentement à l'adoption

René Clément
et Marthe Weiller-Bondon

L'on ne saurait traiter de l'adoption [1] sans que soient abordées, préalablement, les questions relatives aux problèmes de l'abandon. En dehors, en effet, des enfants réfugiés ou d'origine étrangère, dans l'adoption desquels se sont spécialisées nombre d'œuvres privées, l'abandon concerne essentiellement les enfants délaissés ou juridiquement abandonnés, dont le nombre est, de loin, supérieur à celui des enfants orphelins [2].

LES TRAUMATISMES DE L'ABANDON

L'abandon : scandale social

Malgré le sens premier qu'en donne Littré de « remise entre les mains de », insistant par là sur la notion de renoncement, de transfert et de don, le mot est plus généralement chargé, dans le langage courant, de connotations nettement péjoratives. Utilisé à propos d'enfant,

1. L'adoption concerne actuellement entre 4000 et 5000 enfants par an.
2. Les enfants orphelins, abandonnés ou dont les parents ont été déchus sont déclarés pupilles de l'État.

il représente ce qui, pour la morale sociale, est un acte véritablement scandaleux, pratiquement impensable : « Mais comment peut-on abandonner un enfant? »

Sur le plan moral, l'intolérable dans l'enfance abandonnée renvoie à la faute originelle des parents, le plus souvent de la mère, coupable, par son acte monstrueux, de battre en brèche les idées reçues sur l'instinct maternel ou concernant les théories de l'attachement spontané parents-enfants — toutes conceptions garantes de la possibilité de représentation de la famille comme cellule organique naturelle de la société.

Sur le plan social, l'insupportable, dans l'enfance sans famille, est tel qu'en l'absence de parents protégeant son existence et légitimant son droit à la vie l'enfant abandonné pourra vivre sa situation comme un destin dramatique, sinon infamant, montré du doigt et culpabilisé d'être « enfant de l'Assistance » ou « de la D.D.A.S.S. », faute de pouvoir étayer son propre désir de vie sur un désir qu'en auraient eu pour lui ses propres parents.

On conçoit comment, dans ces conditions, la pratique des adultes chargés de s'occuper du drame de l'abandon s'accompagne nécessairement d'un vécu émotionnel intense et douloureux. Dans cet espace de faute et de culpabilité, il ne saurait, à proprement parler, y avoir de reconnaissance possible pour le désir d'abandon. La mère aurait nécessairement choisi de faire autrement « si elle avait pu »; il devient alors quasiment impossible de parler à un enfant des circonstances de son adoption, alors qu'elle est devenue réalisable du fait même de cet abandon initial.

Abandon de fait, abandon de droit : la dimension juridique du problème

L'embarras des services sociaux est grand devant les situations complexes d'abandon différé où le délaissement progressif de l'enfant aboutit, de promesses de visite non tenues en rendez-vous manqués, à de véritables abandons de fait. Ces situations inextricables, qui peuvent se prolonger des années durant, sont particulièrement néfastes pour l'équilibre psychique de l'enfant, et laissant impuissants les adultes responsables de son devenir.

Deux possibilités existent alors pour déclarer cet enfant pupille, c'est-à-dire adoptable : l'une administrative [1], mesure relativement simple et rapide, qui sanctionne l'abandon de fait, l'autre judiciaire [2], qui rend légale la rupture des liens avec la famille et équivaut, peu ou prou, à une mesure de déchéance. Il est à noter que c'est actuellement la procédure judiciaire qui est le plus souvent utilisée, car, du fait même des garanties de temps et du sursis qu'elle laisse aux parents naturels, elle permet d'éviter les abus de pouvoir auxquels risquerait de donner lieu la procédure administrative par laquelle la D.D.A.S.S. se trouve être, en quelque sorte, juge et partie. Le problème de la mesure judiciaire vient de sa particulière longueur [3] : le processus judiciaire proprement dit ne peut commencer qu'au bout d'un an d'absence totale de manifestation de la part des parents — une simple lettre ou un coup de téléphone retardant pour une année encore l'échéance du signalement à la Justice.

Le sursis ainsi accordé aux parents est, en fait, *un temps perdu pour l'enfant* ainsi laissé en souffrance de nouvelles et dont les échéances de développement et de constitution de la personnalité, elles, n'attendent pas.

Les résistances institutionnelles à l'abandon

Certes, il est difficile d'interpréter exclusivement la pesanteur des procédures judiciaires d'abandon, en

1. Article 50 du Code de la famille et de l'Aide sociale, alinéa 4.
2. Article 350 du Code de la famille et de l'Aide sociale.
3. Deux ou trois ans de délai en moyenne.

termes de résistance, à reconnaître légalement l'aspect relatif et précaire du droit parental sur l'enfant — droit qu'on désignait encore naguère du terme de puissance paternelle ! Il n'en va pas de même lorsque ce sont des institutions qui sont explicitement fondées pour aider les mères et les dissuader d'abandonner leurs enfants nouveau-nés. Jusqu'à leur remplacement progressif par les centres maternels [1], les maisons maternelles avaient ainsi expressément pour finalité de prévenir l'abandon, chaque département devant, aux termes de la loi, entretenir au moins une maison maternelle.

Mais c'est sans doute dans les maternités que les questions de l'abandon éventuel et de sa préparation sont éludés de la façon la plus nette. Elles demeurent pour l'essentiel des « fabriques à mères » plus que des lieux d'accueil et de prise en compte du destin des nouveau-nés. C'est pourtant là que devrait pouvoir se mettre en place la vraie prévention des délaissements progressifs ultérieurs et des abandons différés à venir.

On constate au contraire que, dans nombre de maternités, l'accueil des mères, même désireuses d'accoucher sous « X » [2], est organisé et orienté de façon à ce qu'elles renoncent à abandonner leur enfant. Quand la mise à l'index et les mesures discriminatoires ne sont pas la règle, interviennent pour les culpabiliser des pressions, directes ou indirectes, subtiles ou massives : contacts avec l'enfant systématiquement prolongés, allaitement forcé, cohabitation imposée avec d'autres mères ; tout est bon pour faire échouer *l'impensable désir d'abandon*.

Si ce véritable « forcing » est à incriminer parce qu'il ne respecte pas le désir de la mère, il est surtout à

1. Ces établissements doivent assurer une continuité d'accueil pour les futures mères aussi bien que pour les jeunes mères isolées qui, jusqu'à la création de ces centres, étaient hébergées, les premières par les maisons maternelles, les secondes par les hôtels maternels.

2. Possibilité donnée aux mères désireuses d'abandonner leur enfant d'accoucher anonymement.

dénoncer quant à ses effets sur le devenir de l'enfant. La croyance naïve que la persuasion bienveillante aidera à l'éclosion spontanée d'un attachement mère-enfant durable prive ainsi nombre de nouveau-nés de la chance d'une adoption précoce.

Est tout aussi condamnable l'attitude symétrique qui consiste à pousser la mère à l'abandon, quelquefois en prenant trop rapidement au pied de la lettre un rejet apparent de l'enfant — rejet qui n'est en fait que l'expression de son ambivalence par rapport au nouveau-né. Le moment de l'« après-accouchement » est un moment difficile où l'état de fragilisation de la mère est à prendre en considération. C'est aussi en fonction de cette réalité qu'un *accompagnement* et un *soutien* de la mère sont indispensables, pour que puisse être élaboré par elle-même un désir d'abandon ou de maternité assumée.

La difficulté à intégrer la réalité du désir d'abandon et les effets de traumatismes moraux qui en résultent socialement expliquent combien services et institutions ne parviennent qu'exceptionnellement à verbaliser à l'enfant son abandon. La situation administrative qui fait de lui un pupille de l'État vient occulter la réalité de son histoire passée : impossible de lui en parler, ce serait traumatisant. Ainsi se met progressivement en place un véritable tabou sur le passé.

DIFFICULTÉS ET IMPASSES DE LA PRATIQUE DES ADOPTIONS

Le service des adoptions et ses ambiguïtés

Secteur névralgique de l'institution D.D.A.S.S., il occupe une situation difficile, à la charnière entre l'intérieur et l'extérieur. Il doit en effet répondre à deux missions différentes, qui se veulent complémentaires. Ayant, d'une part, à permettre aux enfants du département devenus adoptables de trouver une famille, il doit, d'autre part, satisfaire le plus grand nombre possible de parents potentiels, candidats à l'adoption; position, en effet, ambiguë puisque la nécessité d'offrir des enfants adoptables, pour répondre à la pressante demande des familles en quête d'enfants, suppose qu'il en soit « produit » un maximum... et que cette « production » dépend justement du service.

Autre situation ambiguë pour le service des adoptions : ses rapports avec le conseil de famille[1], puisque celui-ci décide d'une adoption et ne tranche qu'à partir des dossiers et des propositions faites par le service, ce dernier ayant procédé préalablement au choix des enfants et à la sélection des futurs adoptants.

Ambiguïtés, enfin, d'un service hautement centralisé et spécialisé, mais dont les personnels se trouvent bien souvent seuls, malgré la gravité et la complexité des problèmes à traiter, en situation de quasi-monopole face à des choix indispensables, et ayant à prendre des responsabilités écrasantes. De véritables féodalités risquent de s'instaurer quant au pouvoir de décider des critères à retenir dans le choix des adoptants, celui de l'enfant qui leur sera proposé ainsi que des modalités de déroulement des différents temps de l'adoption.

Dans un univers de travail où la résonance émotionnelle et les passions affectives inhérentes à ces pratiques sociales demeurent le plus souvent ininterrogées, c'est généralement le fonctionnement même du service qui échappe à tout questionnement, le « faire adopter » devenant une fin en soi évidente, « bonne » nécessairement. Il est alors très difficile de poser l'indication d'une adoption pour tel enfant, et de son type : adoption simple ou adoption plénière[2], ce en fonction de sa demande et de son désir.

1. Instance légalement chargée de consentir au placement en vue d'adoption.

2. Il existe deux types d'adoption légale :

— l'adoption simple qui maintient les liens avec la famille d'origine, l'enfant garde son nom et y ajoute son nom adoptif;

La jouissance du « faire adopter »

Dans ce contexte, la pratique de l'adoption apparaît comme particulièrement gratifiante puisqu'elle consiste, en quelque sorte, à venir réparer les traumatismes de l'abandon et en effacer la dimension de scandale. Extraordinaire position professionnelle — surtout dans le cadre de l'Aide sociale à l'enfance — que celle qui consiste simplement à devoir répondre favorablement à la demande : celle des parents, massive, et celle, le plus souvent seulement postulée, des enfants !

On conçoit alors que pareil secteur de travail, qui permet d'offrir une famille à un enfant qui en est privé, et faire cadeau d'un enfant à un couple souvent blessé du fait de sa stérilité, soit si fortement investi par ses acteurs et que les identifications imaginaires y soient si prégnantes. On mesure mieux aussi quel luxe de précautions sera nécessaire à la préservation d'un tel cadeau !

SECRET DES ORIGINES, ORIGINES DU SECRET

La paix des familles

Protéger cette paix par tous les moyens possibles : c'est ainsi que l'on pourrait résumer un peu brutalement le pourquoi des mesures de précaution, dites de secret, qui accompagnent les pratiques d'adoption. Le secret gardé quant au lieu de naissance et à la filiation de

— l'adoption plénière où les liens avec la famille d'origine sont complètement et définitivement rompus ; l'enfant change d'état civil pour prendre le nom de ses parents adoptifs. La filiation adoptive est ici équivalente à la filiation naturelle et l'adoption plénière est définitive et irrévocable.

l'enfant adopté aussi bien que les mesures de déplacement des enfants devenus adoptables, qu'on sépare alors de la famille d'accueil qui a eu contact avec la famille naturelle — quand il n'y a pas séparation d'avec les demi-frères ou sœurs —, tout concourt à protéger l'enfant et sa famille adoptive de tout retour intempestif des géniteurs, toujours susceptibles de venir perturber, dans l'avenir, la nouvelle cellule familiale juridiquement créée et reconnue.

Malgré la nécessité de nombre de précautions prévues dans les textes et au-delà du souci légitime de préserver l'avenir, certaines mesures ne vont cependant pas sans poser problème.

Qui protège qui, de quoi?

En fait, il est souvent bien difficile de faire la part entre les précautions légales, très normalement prévues par la loi [1], de celles historiquement surajoutées par la coutume ou les pratiques de telle D.D.A.S.S., de tel service, quand ce n'est pas par la fantaisie ou l'arbitraire de tel administratif ou de tel travailleur social. Ainsi a-t-on vu surgir, dans certains départements, au fil des années, des mesures de déplacement systématiques pour tous les enfants devenant pupilles, même si, du fait de leur âge, par exemple, ils n'étaient pas adoptables; des régimes différents leur étaient appliqués, tout ce qui était de leur histoire ou de leur passé devenant tabou, *interdit de mémoire*.

On a ici l'exemple d'une interprétation extensive tout à fait abusive des textes juridiques, qui aboutit à mettre

1. Le Code de la famille et de l'aide sociale, art. 55-5, précise que la règle du secret s'applique dans le cas où la personne qui a confié l'enfant au service a expressément demandé que l'état civil de l'enfant demeure secret. La règle du secret a donc légalement un champ d'application très limitatif. Elle concerne seulement le respect d'un engagement pris auprès de parents qui l'ont demandé de façon formelle.

hors normes tous les enfants pupilles d'un département, à les placer sous régime spécial, au nom du secret, à la merci, en quelque sorte, des personnels chargés de les faire adopter. Ce véritable régime d'exception a ainsi permis que se constituent — toujours au nom de l'intérêt de l'enfant — de véritables fiefs de pouvoir et de toute-puissance pour les personnels chargés de le gérer.

Par cette pratique du secret-couperet, censé pouvoir rompre définitivement toutes les attaches avec le passé, il semble bien qu'on cherche aussi et avant tout à protéger les adoptants, sinon l'enfant, d'une réalité incontournable : l'existence originelle des géniteurs. Étant donné qu'on ne peut en parler... du fait du secret, on peut alors légitimement les ignorer et les « oublier ». Il apparaît bien là que, sous prétexte de préserver l'avenir, le secret est, en fait, une façon de se préserver du passé. Consistant à faire mystère des origines, il tente d'éliminer une réalité insupportable pour l'ensemble des partenaires en présence au moment de l'adoption, travailleurs sociaux compris, celle qui fait que l'enfant est né de l'union sexuelle d'un homme et d'une femme, et que c'est cette union qui lui a donné la vie.

Fabriquer de la famille sans sexualité

L'acte juridique de l'adoption ne vient-il pas recouvrir et annuler l'acte sexuel qui a donné naissance à l'enfant? La pratique de l'adoption, telle qu'elle existe généralement, a ceci de particulier et de terrible qu'elle s'apparente directement aux mythes infantiles la concernant : apportés tout faits par la cigogne ou trouvés dans les choux, les enfants n'ont pas eu besoin de la sexualité des parents pour naître [1]. Aussi ne s'étonnera-t-on pas qu'eux-mêmes aient, plus tard, quelque difficulté avec la leur propre...

1. M. Soulé & J. Noël, « L'Adoption en 1975 », *Revue de neuropsychiatrie infantile*, 24, 3, pp. 119-126, 1976.

Ainsi rendu vierge de tout passé, il semblerait que l'enfant soit en même temps lavé de la faute originelle qui a fait de sa venue au monde le résultat non désiré — du moins le suppose-t-on d'une union sexuelle sans finalité de procréation.

Le secret des origines garantissant le secret de l'origine sexuelle de l'enfant, l'adoption peut alors fonctionner comme leurre, comme si le désir conjoint de paternité et de maternité des adoptants suffisait à faire exister réellement de la famille, occultant et raturant par là qu'il avait fallu préalablement l'union et le désir charnel d'un homme et d'une femme.

PRÉPARER L'ADOPTION : COMMENT ?

Pour une politique volontariste du consentement à l'adoption

Promouvoir une politique authentique de l'adoption présuppose que l'acte d'abandon ne soit plus considéré comme un abandon de l'enfant mais comme un simple renoncement à l'exercice des droits d'autorité parentale, prenant la forme positive d'un consentement à l'adoption. Un tel changement des mentalités passe par la reconnaissance pleine et entière du droit des mères à élever ou non l'enfant qu'elles ont mis au monde, en fonction de leurs limites ou de leurs possibilités. Ce qui nécessite la mise en place de moyens d'information neutres et déculpabilisants.

Corrélativement, la mesure dite d'abandon judiciaire — laquelle devrait, elle aussi, changer d'appellation — pourra cesser d'apparaître comme un jugement et une condamnation des parents pour devenir la simple reconnaissance du droit et de la liberté qu'a l'enfant de ne plus dépendre légalement de ses géniteurs et de pouvoir, s'il le désire, prendre sa place dans une famille en recherche d'enfant à élever et à aimer.

C'est à ce prix que pourra se réaliser une véritable prophylaxie des délaissements progressifs et des abandons différés, si néfastes et si dramatiques pour le devenir de l'enfant qui ne peut ni tirer bénéfice de liens affectifs trop lâches, ni faire le deuil de parents présents-absents.

Respecter le désir de l'enfant d'être adopté... ou pas

La décision de faire adopter un enfant ne devrait jamais intervenir de façon automatique sur la simple raison qu'à un moment de son histoire il sera devenu administrativement ou juridiquement pupille. La pression très forte de la demande des candidats adoptants ne doit pas faire oublier que l'adoption doit dépendre de l'évaluation singulière des besoins de l'enfant ainsi que de la capacité qu'il a de désirer ou non la solution proposée... et de le manifester.

Conçue dans l'intérêt de l'enfant, l'adoption ne saurait donc, en aucun cas, être une mesure qui lui fasse violence, comme le serait une adoption « à tout prix ». Que de bouleversements inutiles, de placements familiaux structurants brutalement interrompus sous prétexte que l'enfant était, entre-temps, devenu adoptable, et qu'on devait donc nécessairement lui trouver une famille! Pourquoi, alors, ne pas proposer systématiquement à la famille d'accueil la solution possible d'une adoption simple, en évitant tout « chantage » au retrait?

Permettre à l'enfant, même très jeune, d'exprimer son désir en étant à l'écoute de son langage comportemental, verbal ou somatique, percevoir les significations symptomatiques et lui reconnaître, le cas échéant, la liberté de refuser telle ou telle famille présentée, constitue la seule façon d'obtenir sa coopération active et de mettre de son côté les meilleures chances d'une adoption réussie.

Le respect du passé : une chance pour l'avenir

La réussite — ou l'échec — va dépendre, à long terme, de la façon dont les parents adoptants auront pu reconnaître à l'enfant adopté le droit à un passé et auront accepté l'utilité, pour lui, qu'il y soit fait référence toutes les fois que cela se révélera nécessaire.

A partir du moment où la question initiale de l'abandon cesse d'être fantasmée comme drame ou scandale pour devenir acte de courage et geste positif de transfert, dans toutes les acceptions du terme, la question angoissée de savoir s'il faut vraiment parler ou non de son adoption à l'enfant, à quel âge et comment, cesse d'être pour les adultes un dilemme insoluble.

La capacité des couples candidats à l'adoption de prendre en compte et d'accepter l'histoire de l'enfant, connue et inconnue, est sans aucun doute le critère déterminant de leur possible sélection. Aussi les pratiques qui consistent à brouiller les pistes et raturer les informations concernant le passé de l'enfant : naissance à la préfecture, faux lieux de naissance, faux noms de famille, etc., sont-elles autant de façons de *mutiler gravement sa mémoire et tout son être symbolique. Lui interdire de se souvenir ou le condamner à oublier l'histoire de sa naissance revient à nier ses raisons d'être et d'exister, et à rendre particulièrement difficile pour lui l'accès à la différence des sexes, à la sexualité et à la procréation.*

Les praticiens de l'adoption doivent cesser de se rendre objectivement complices du désir inconscient des adoptants de nier la part inaliénable qui revient aux géniteurs de l'enfant et qui fait que l'adoption est possible. C'est aussi la seule façon d'aider les parents adoptants à faire le deuil, toujours complexe et douloureux, de la fécondité de leur couple, fécondité physique n'étant pas à confondre avec fécondité psychique et symbolique qui permet justement la reconnaissance d'un enfant comme personne en devenir et son intégration dans une famille du fait de la rencontre de trois désirs.

Mettre fin au secret, c'est permettre en définitive d'exorciser le passé, de rendre possible le deuil des parents naturels, devenus enfin désignables et nommables comme tels. Craindre de les évoquer de peur qu'ultérieurement ils ne reviennent, n'est-ce pas rejoindre ici la peur des fantômes, fantômes qui représentent la trace des acteurs et des événements refoulés, dont on redoute toujours et à bon droit qu'ils fassent retour? Toutes choses qu'on souhaiterait à tout prix pouvoir nier, oublier, mais dont on sait bien, au fond de soi-même, que c'est impossible.

Pour une politique non violente de l'Aide sociale à l'enfance

Marc GRABARSKY *

Est-elle donc violente, cette politique de l'A.S.E., qu'il soit nécessaire de la changer? Tous ceux qui se reconnaîtront comme appartenant à cette institution répondront avec conviction que bien évidemment ce n'est pas le cas et que, de toute façon, le problème n'est pas là. En fait l'A.S.E. a-t-elle une politique? Existe-t-elle même réellement?

Le grand public connaît l'Assistance publique qui recueille les « pauvres enfants » abandonnés qu'il faut arracher à l'Administration pour les donner à de bonnes familles qui ne demandent qu'à les rendre heureux.

Chaque travailleur social, chaque médecin ne connaît que le service ou l'établissement où il intervient. L'institution A.S.E., c'est les autres, c'est l'Administration. Pourtant, les enfants et les parents dont on s'occupe relèvent bien tous de la tutelle ou de la surveillance de la D.D.A.S.S., de la Direction départementale.

Ceux qui rêvent d'une nouvelle action sociale en faveur de l'enfance et de la famille imaginent un service ayant un rôle important dans la prévention de la violence qui se développe dans la société. Les clubs et les équipes de prévention — c'est bien connu maintenant — font dans ce domaine un excellent travail, depuis long-

* Administrateur civil, chef du bureau « Enfance et Jeunesse », de 1976 à 1980, au ministère de la Santé et de la Sécurité sociale.

temps, auprès de ceux qui risquent de devenir délinquants mais pas seulement de ceux-là... Les services unifiés de l'enfance font des efforts perceptibles pour que les enfants soient « aimés » ou, dans un langage moins archaïque, pour créer les conditions psychologiques et sociales favorables à leur développement, afin de leur permettre d'accepter les agressions de la vie et d'y répondre autrement que par la violence.

Enfin, ceux qui savent ce qu'administrer veut dire retiennent... que l'A.S.E. est un service au budget de dix milliards de francs qui sert à financer l'intervention auprès de plus de cinq cent mille personnes et de soutenir plus d'un million de bénéficiaires (dont les 470 000 enfants recensés dans les statistiques).

L'A.S.E., c'est tout cela. Mais c'est autre chose encore : c'est un art fait d'exécution. En effet, les objectifs sont simples à énoncer : aider les parents à élever eux-mêmes leurs enfants ou donner à ces derniers des conditions de vie « normales » quand ils sont placés...

En réalité, la mise en œuvre de cette politique est complexe. Le danger de ces objectifs est d'abord qu'ils soient appliqués systématiquement : prévenir les placements peut ainsi se traduire par le maintien « à tout prix » des enfants dans leur famille avec les risques que l'on sait. Ensuite, l'autre danger de ces objectifs est qu'ils soient inapplicables.

En effet, l'A.S.E. est un service très particulier : c'est une entreprise sans véritable chef (l'État? le département?), composée de multiples services autonomes. Dès lors, quelle politique mener? C'est aussi une entreprise qui doit concevoir et fabriquer en permanence... cinq cent mille prototypes alors que chaque situation est particulière même si parfois des ressemblances existent. C'est, par ailleurs, une entreprise que sa réussite fera disparaître : comme le saumon qui va mourir en remontant à la source, l'A.S.E. devrait disparaître peu à peu, à mesure des succès de la prévention. C'est enfin une entreprise composée d'hommes et de femmes passionnés par leurs fonctions, avec toutes les conséquences qui s'y attachent, notamment celle dont le docteur Soulé nous a parlé depuis longtemps, qui consiste à classer, comme dans un western, les groupes en bons et en méchants. Le méchant, c'est, bien sûr, toujours l'autre : le juge pour la D.D.A.S.S., la D.D.A.S.S. pour le juge, les travailleurs sociaux pour l'Administration, l'Administration pour les travailleurs sociaux... la liste pouvant encore s'allonger. Oh! certes, ces services ne sont pas le champ clos de luttes incessantes et la coopération des équipes s'organise de plus en plus souvent pour le plus grand bien des enfants et de leurs parents. Mais il y a là un effort permanent à faire sur lequel nous reviendrons.

Alors une politique non violente de l'A.S.E. sera celle qui pourra tenir compte de ces différentes contraintes pour changer non seulement les relations entre les familles et les services mais aussi les rapports entre les professionnels qui constituent ce service.

CHANGER LES RAPPORTS ENTRE LES FAMILLES ET LES SERVICES

Changer veut dire poursuivre et renforcer les efforts positifs engagés dans de nombreux services. Dans quel sens? Le but doit être clair et les méthodes sans cesse renouvelées.

Le but déclaré, c'est *l'autonomie des personnes aidées*. Est-il hors de portée? N'est-ce pas un rêve inaccessible compte tenu de la situation dans laquelle se trouvent les enfants et leurs parents quand ils sont pris en charge par l'A.S.E.?

En fait, il faut ici aussi se garder des règles générales : l'objectif à atteindre dépend de la situation exacte de chaque enfant et de chaque famille; il s'agit alors de chercher tous les moyens qui permettront de renforcer et d'étendre cette autonomie, c'est-à-dire la capacité des parents et des enfants à faire les choses de la vie eux-mêmes sans qu'il soit nécessaire de les faire à leur place.

La méthode envisagée pour atteindre ce but consiste à changer les relations avec les « clients » et développer de nouvelles aides.

Trop souvent, la réponse apportée à la demande d'un parent ou d'un enfant, c'est l'acceptation ou le rejet. Ainsi, une allocation mensuelle est accordée ou refusée; un enfant est élevé par d'autres que ses parents à qui plus rien n'est demandé (sauf d'être discrets) dès qu'il est placé, ou, suivant une expression parlante, dès qu'il est « pris en charge physiquement ». Et le reste, alors?... La discussion, le dialogue sont trop rares entre les clients et les services même si des efforts et des progrès ont été faits dans certains secteurs au cours de ces dernières années.

En fait, il faut aller plus loin. Comme l'ont tenté certaines équipes, il est souhaitable de « faire faire » et non de « faire à la place de ». « Faire faire », c'est par exemple *demander aux parents* dont les enfants sont placés de participer à l'éducation de ces derniers et au financement d'une partie des charges qu'ils entraînent. « Faire faire », c'est aussi *demander à l'enfant* de jouer un rôle actif dans son éducation et cela est possible même lorsqu'il est tout petit, comme le montre l'expérience de *Lóczy*[1] décrite par Geneviève Appell et Myriam David... Bref, c'est ne pas remplacer mais aider à être autonome. Tout cela est bien évidemment plus facile à dire qu'à faire. Mais il ne faut pas dire : « C'est impossible » en prenant des exemples où effectivement une telle démarche ne peut pas être appliquée en raison de l'état dans lequel sont les intéressés quand ils sont pris en charge par le service. Dans beaucoup d'autres cas, cette recherche de participation des familles au projet du service est réalisable, comme le montre l'exemple des équipes, de plus en plus nombreuses,

1. M. David & G. Appell, *Lóczy, ou le Maternage insolite*, op. cit.

qui s'engagent dans ce sens. Cela ne veut pas dire qu'elles réussissent toujours, mais qu'elles essaient chaque fois.

Mais cela ne suffit pas. Il faut aussi que les aides accordées aux familles (allocations mensuelles, actions éducatives, etc.) soient mieux utilisées qu'elles ne le sont le plus souvent. D'abord, il faut que, lorsque c'est nécessaire, ces différentes formes d'aide se complètent mieux : une même famille rencontre souvent des difficultés de nature variée; ainsi, par exemple, les problèmes financiers d'une famille, solubles dans l'immédiat par l'attribution d'une allocation mensuelle, pourront résulter d'une incapacité à gérer son budget — ce qui peut alors justifier l'intervention d'une action éducative plus complète. Il faut donc que les différentes équipes qui gèrent séparément ces interventions coordonnent leurs actions. Ensuite, il ne faut pas que des parents dont les enfants sont placés soient eux aussi *abandonnés* au moment précis où ils ont le plus besoin d'être soutenus. C'est pourquoi, dans ces cas, il est souhaitable de leur accorder le soutien dont ils ont besoin dans le cadre d'un projet ou d'un plan d'action où seront définis les objectifs visés, les moyens mis en œuvre pour les atteindre, notamment la manière dont les parents vont contribuer au redressement de la situation, et enfin la durée prévue au terme de laquelle une évaluation des résultats sera faite. Ainsi, par exemple, une famille dont l'enfant est placé pourra-t-elle recevoir une allocation mensuelle ou être suivie par une équipe chargée d'une action éducative.

Mais pour que de tels rapports puissent s'instaurer entre les « clients » et les services, il est nécessaire que, parallèlement, des relations nouvelles s'établissent à l'intérieur de l'A.S.E., entre les professionnels eux-mêmes.

Une vigoureuse réforme est en effet nécessaire dans de nombreux départements pour pouvoir mettre en œuvre ces orientations, comme le montrent les actions menées dans ce sens depuis plusieurs années par certains services départementaux. Cette réforme doit reposer sur deux idées simples :

— des professionnels responsables pour des familles responsables;

— des professionnels qui communiquent entre eux, pour mieux communiquer avec les familles.

DES PROFESSIONNELS RESPONSABLES POUR DES FAMILLES RESPONSABLES

C'est une vieille idée qui est mal appliquée en général : il est nécessaire de déconcentrer les décisions pour qu'elles soient prises par ceux qui connaissent les besoins des familles.

En effet le rapport Bianco-Lamy sur *L'Aide à l'enfance demain* [1] a bien montré les inconvénients d'un service centralisé dans ce domaine. Il apparaît, en particulier, que proposer une décision qui remonte toute la bureaucratie peut être source de désintéressement et de désengagement. Certes, le plus souvent, les décisions proposées sont acceptées. Mais elles sont juridiquement prises ailleurs. La valeur symbolique de cette procédure est importante : elle est source d'ambiguïté et alimente les critiques mutuelles que s'adressent ceux qui décident en fait et ceux qui décident en droit. Et là encore se retrouvent des relations du même type que celles qui s'instaurent entre services et clients : on accepte ou on refuse une demande; on discute peu ou pas. Il est donc nécessaire de déconcentrer les décisions individuelles pour qu'elles soient prises dans les circonscriptions par les équipes *ad hoc* qui se réunissent et recherchent un consensus pour chaque cas.

Bien évidemment, ces décisions individuelles doivent

1. Cf. également la circulaire du 23 janvier 1981, ministère de la Santé, et la revue *Sauvegarde de l'enfance*, n° 4, 1980 et n° 2, 1981.

non seulement tenir compte de l'analyse précise des besoins de chaque enfant et de chaque famille mais aussi de la politique générale définie dans ce service. Chaque professionnel, chaque équipe doit en effet intervenir dans ce cadre. C'est alors à l'inspecteur du groupement de circonscription de veiller à ce que ces orientations soient appliquées et à trancher éventuellement dans des cas où le consensus indiqué ci-dessus n'a pas pu être obtenu.

Par ailleurs, cette responsabilité des professionnels sera d'autant plus grande qu'ils participeront également à l'élaboration de cette politique départementale. Définir une telle politique correspond à deux nécessités. D'une part, les moyens, limités par définition, doivent être orientés en fonction des besoins. Il appartient donc aux autorités départementales responsables (Conseil général, préfet, D.D.A.S.S.) d'établir les actions prioritaires à mener et d'arrêter quelle sera l'utilisation des moyens financiers qu'ils accordent dans ce secteur. D'autre part, l'efficacité des interventions de services suppose un minimum de cohérence dans les actions. On connaît ce problème à l'intérieur d'une équipe ou d'un établissement. Il se retrouve pour l'ensemble des actions menées dans le cadre de l'Aide sociale à l'enfance et du Service unifié de l'enfance. Mais une telle politique ne pourra être adaptée aux besoins de la population, et ensuite réellement appliquée par ceux qui sont chargés de sa mise en œuvre, si ces derniers ne sont pas associés à son élaboration. C'est pourquoi une action de réflexion et d'organisation doit être entreprise pour que, dans chaque département, cette politique soit élaborée *en liaison* avec tous ceux qui jouent un rôle dans le domaine de la protection sociale de l'enfance.

Ainsi des professionnels responsables pourront-ils mettre en œuvre une action visant à développer l'autonomie, c'est-à-dire la responsabilité des parents et des enfants concernés. Mais cela ne suffit pas. Il faut également, pour que cette responsabilité soit complète, que les professionnels communiquent entre eux plus largement pour mieux répondre aux besoins des familles.

DES PROFESSIONNELS QUI COMMUNIQUENT POUR MIEUX COMMUNIQUER AVEC LES FAMILLES

La nécessité et le hasard

Une famille, un enfant qui ne peuvent pas « s'en sortir » seuls et pour qui une aide est une nécessité se trouvent confrontés à de nombreuses portes au-dessus desquelles le panneau « social » est suspendu. Au hasard de leurs démarches, ils rencontreront tel organisme, tel professionnel qui les aidera compte tenu de ce qu'il aura perçu de leurs problèmes. Et ce qu'il perçoit, c'est ce à quoi il peut répondre. Ainsi, tel intervenant aidera à régulariser une situation administrative, tel autre donnera un peu d'argent, tel autre éduquera l'enfant alors que ses parents ne peuvent le faire, tel autre enfin décidera qu'il faut placer l'enfant.

Et puis il y a ces enfants et ces parents qui vont passer d'une porte à l'autre parce que régler les démarches administratives, ça ne suffisait pas, parce que l'aide financière a une fin et que les problèmes demeurent, parce que l'enfant placé ici est renvoyé là. Bref, le circuit continue. A chaque fois, c'est une « renaissance » de l'enfant pour celui qui le reçoit. Il n'a pas de passé. On ne connaît pas son avenir. Il est hors du temps. Mais lui, l'enfant, il est né une fois, et ça lui suffit...

Il faut donc ouvrir les portes

De quoi ont-ils besoin, ces parents et ces enfants? Tout le monde le sait bien aujourd'hui, à quelques exceptions près! Mais il est encore rare que le nécessaire soit fait.

D'abord, il ne faut pas confondre le symptôme et la maladie. Il est inexact de dire qu'une famille qui a des problèmes financiers a uniquement besoin d'allocations mensuelles, parce qu'on ne veut pas faire une analyse précise de son cas ou parce que le rôle des travailleurs sociaux n'est pas de faire du contrôle financier. Bien sûr, pour certaines situations (chômage, retard au versement des allocations familiales, etc.) une aide financière suffit. Mais il arrive aussi qu'un retard au paiement du loyer, qui va entraîner une expulsion et donc un placement d'enfants, suppose *autre chose qu'un secours* (qui doit évidemment être accordé rapidement) si cette situation résulte des difficultés personnelles des parents à gérer leur budget ou à trouver une insertion professionnelle satisfaisante. C'est alors qu'une analyse plus complète, et en équipe, limitera la toute-puissance d'un professionnel et donnera des garanties du point de vue technique. Cela permettra de déterminer la gamme des aides *à proposer* à la famille. Ainsi, le versement d'une aide financière sera complété par l'intervention du médecin de P.M.I. et d'un psychologue qui coopéreront avec le travailleur social chargé du « cas ».

Ensuite, il faut que la personnalité de chaque parent et de chaque enfant soit respectée. Pour cela, il est nécessaire qu'elle soit connue. Ce qui suppose évidemment tout un travail d'examens et d'analyses, dans chaque service et dans chaque établissement, pour organiser l'observation et sa transmission entre les différents membres de l'équipe, ce qui est possible parce que les parents, les enfants sont *là*. Mais il est également indispensable de penser que chaque enfant, que chaque parent a un passé et des projets. Brefs, ils vivent dans le temps. Or, *globalement*, le service de l'A.S.E. a tendance à fonctionner « hors du temps ». Pierre Verdier a écrit, à juste titre, que l'enfant de l'A.S.E. est un enfant « en miettes » [1].

1. P. Verdier, *L'Enfant en miettes*, op. cit.

Il est donc capital que les portes s'ouvrent, que les équipes appartenant à des organisations et à des services différents coopèrent, se rencontrent dans les circonscriptions et communiquent pour que l'information nécessaire à la connaissance de l'histoire de chaque enfant et de chaque famille puisse être transmise *oralement,* tant il est vrai que les écrits sont dangereux dans ce domaine. Il est capital que l'équipe d'un établissement ou d'une famille d'accueil soit informée de ce que savent la polyvalente et l'équipe d'action-éducation sur un enfant qui leur est envoyé, et qu'ils sachent aussi quels sont les projets qu'il est possible de formuler pour lui. Bref, il faut qu'ils puissent *lui parler*. Dialoguant entre eux, les professionnels du service pourront ainsi communiquer avec les parents et les enfants.

Une telle politique est faite de paris. D'abord celui que la politique sociale de l'enfance et de la famille peut avoir pour but et pour effet de développer l'autonomie des personnes auxquelles elle s'adresse. Ensuite celui que la réforme est possible dans l'Administration sociale de notre pays, que la déconcentration et la coopération peuvent s'organiser. Enfin que, tout en tenant compte des intérêts légitimes de chacun, les besoins des enfants et des familles concernées constitueront la principale préoccupation de tous.

Rêve répété, ou réalité de demain? A chacune et à chacun de répondre pour soi. La réflexion engagée par l'A.N.P.A.S.E. et reproduite dans cet ouvrage devrait utilement contribuer à ce que des transformations profondes et nécessaires, sur lesquelles chacun s'accorde, puissent se traduire par un changement collectif qui redonne l'espoir à ceux qui l'ont perdu.

L'enfant et sa famille dans la cité

L'enfant assisté par l'Aide sociale à l'enfance, c'est souvent, nous l'avons vu, un enfant séparé, transplanté, déplacé comme un paquet, passant de main en main sans ménagement, sans parole, car on le considère plus comme un « objet de soins et de mesures » que comme une véritable « personne en devenir ».

Mais les autres enfants, qui ont la chance de vivre dans leur famille, le sort que la société leur réserve est-il bien différent?

Et d'abord, à la naissance, l'enfant est-il accueilli comme un petit être humain, baignant dans la parole, ou n'est-il pas plus souvent considéré comme une chose à manipuler et à mesurer? Puis, quand il s'agit, par exemple, de son entrée à la crèche ou à l'école, est-ce une séparation bénéfique, préparée de longue date et en douceur, un cheminement heureux vers l'indépendance, ou n'est-ce pas plus souvent un brusque déchirement, un arrachement douloureux pratiqué à la sauvette?

Comme l'enfant de l'Aide sociale à l'enfance, tout enfant ne risque-t-il pas d'être victime des déplacements mal préparés, des mesures et des décisions non parlées?

On le voit, c'est l'idée même que notre société se fait de l'enfance, la place (ou le peu de place) qu'elle lui fait, qui est remis en question dans cette seconde partie.

Violence et naissance

Bernard THIS*

Naissance et séparation

Quand l'enfant naît, le cordon ombilical est tranché : une coupure s'exerce. Mais peut-on dire que l'enfant est séparé de sa mère? Il n'est (il naît) que séparé de son placenta; sa mère est toujours là, périphérique, protectrice. Mais dans le fantasme, la naissance est toujours présentée comme rupture de cette prétendue « unité mère-enfant ». Si le pouvoir médical ne sépare pas l'enfant de ses parents au moment de la parturition, si la société ne vient pas perturber les relations de l'enfant et ses parents au moment du partage, il poursuit avec eux un « dialogue » initié dès la conception... Étrange dialogue en vérité que ce dialogue dont les humains, le plus souvent, ne veulent pas parler.

Au moment de la naissance, une coupure exerce ses effets, mais cette coupure où devons-nous la placer? La coupure sépare le vivant d'une partie de lui-même : liquide amniotique, cordon ombilical, membranes amniotiques, placenta. Pour vivre « à l'air libre » il doit perdre cette part de lui-même, « monde dans lequel il a vécu si longtemps ». C'est précisément cela, l'émoi de la naissance : *ce qui était moi n'est plus moi.* Caduque,

* Directeur médical de la cure ambulatoire du centre Étienne-Marcel à Paris.

arrière-faix, délivré comme « objet perdu », le placenta meurt, disparaît irréversiblement. Nous n'en conservons, comme souvenir, que cette cicatrice ombilicale qui témoigne, durant toute notre vie, de la perte de cette part de nous-mêmes qui nous permettait de vivre dans cet œuf implanté dans l'utérus maternel. Le cordon ombilical étant lié, puis tranché, la circulation sanguine doit s'adapter à la vie aérienne. « Il respire », « il crie », « il est vivant! » et nous nous réjouissons de ce cri, prolongé en hurlement de détresse par lequel il s'exprime, s'excorporant dans une extérioration expressive du plus intime de lui-même, devenu ex-time, donné à entendre, signifiant, appel à l'Autre.

Je me suis toujours demandé pourquoi l'on mettait si souvent l'accent sur le travail de la mère — l'accouchement — sans mettre en même temps l'accent sur l'épreuve vécue par l'enfant. On ne parlait que de l'accouchement, avec ou sans douleur. C'est pourquoi, en 1972 j'ai mis l'accent sur *le vécu de l'enfant,* écrivant ce livre, *Naître*[1], ouvrage dans lequel j'expliquais *qu'on est comme on naît,* la naissance ayant pour le sujet nouveau-né une importance trop souvent négligée, l'enfant n'étant envisagé qu'en tant qu'objet de production, corps biologique qu'il convient d'excorporer. Il est bien évident que, dans ce contexte de corps sécable, mesurable, pondérable, corps mortifié par la science, la perte des références placentaires n'est pas un problème : la naissance n'est décrite que comme une séparation mère-enfant. A l'origine, mère-enfant ne feraient qu'un. A l'origine, quand j'étais tout petit, petit, je ne faisais qu'un avec maman! J'étais confondu avec elle : fusion, confusion... Ne faire qu'un : voilà créé le fantasme essentiel des humains; ne penser à l'origine qu'en fonction du corps maternel, éliminer le père et toute référence à la « scène primitive conceptionnelle », n'étudier la procréation qu'en tant que « reproduction » du

1. Éd. Aubier-Montaigne, 1978, réédité en 1980.

même, oublier tout ce qu'il en est de la génération, de l'engendrement, de la transmission et de l'invention permanente de la vie. On parle de famille nucléaire, on affirme que les parents « font » un enfant, alors qu'ils transmettent la vie, *germen*, « qui vient du fond des âges ».

Pour qu'un enfant naisse aujourd'hui, il fallait que naissent il y a vingt ans ou vingt-cinq ans ses deux parents, qui eux-mêmes étaient nés auparavant : deux, quatre, huit, seize, trente-deux... Poursuivez cette progression... Vous arriverez rapidement au million d'ancêtres. En quelques siècles, vous obtiendrez ce milliard d'êtres humains indispensables pour que, jeunesse du monde, je naisse aujourd'hui de cette immense fête, de ce feu d'artifice d'innombrables orgasmes ancestraux, dont je suis le fruit, plus que le témoin!

Pour maintenir le fantasme unaire (moi-maman ne faisant qu'un), les humains, qui le payent cher, refusent, de nos jours, de penser l'enfant comme le fruit d'une rencontre amoureuse : la cellule gamétale féminine semble se développer de façon parthénogénique. Miracle, un enfant apparaît, par l'opération du Saint-Esprit! Pour maintenir, désespérément, le fantasme du « deux en un », et cet imaginaire de « poupées russes » qui s'emboîtent les unes dans les autres, il est évident que nous allons négliger le placenta qui, entre la mère et l'enfant, fait barrière. Le fait d'oublier le sacrifice de cette livre de chair, condition de notre vie aérienne, n'est pas sans importance : on n'en parle pas, on ne le montre pas, on l'éloigne rapidement, on ne vous dit même pas ce qu'il devient. On se garde bien de vous signaler qu'on le vend aux laboratoires : un franc, deux francs peut-être. C'est du vol! Ce franc devrait être déposé sur un livret de caisse d'épargne appartenant à l'enfant! Jadis, le placenta était mis en terre, et l'on plantait sur lui, justement, un rosier, ou un arbre fruitier appartenant à l'enfant. De nos jours, il s'en va dans les laboratoires, il vous revient sur les joues, sous forme de crème aux extraits placentaires, pour que vous ayez des joues aussi roses, aussi fraîches, que des fesses de bébé! Si l'on ne parle pas du placenta, il faut noter que l'on parle beaucoup, par contre, de cette douleur de l'enfantement, douleur confondue avec la contraction utérine, douleur assimilée abusivement à la malédiction biblique, au « péché originel », à la « faute primitive ». Cette souffrance apparaît nécessaire puisqu'elle sert à montrer que l'enfant qui se sépare du corps de sa mère en faisait bien partie, ne faisant même qu'un avec lui. « Je ne fais qu'un avec lui; la preuve, la meilleure preuve, c'est que je souffre quand j'en suis séparée. Regardez comme cela me fait mal, quand il se sépare! » Si l'on vous coupait la main, sans anesthésie, vous auriez mal, vous hurleriez! La douleur fait partie de ce trépied, indispensable pour éterniser le fantasme unaire. Oubli du placenta, trop gênant, nécessité de la souffrance, insensibilité de l'enfant, voilà le troisième point de ce dispositif fantasmatique. Séparée du corps, le vôtre ou le mien, la main déposée dans un plat est inanimée. Est-ce que l'on s'occupe de ce qu'elle peut vivre, ressentir, éprouver? Non bien sûr, c'est du corps cadavre, du corps objet! Il en est ainsi de l'enfant.

Naissance et science

Si l'on veut maintenir, opiniâtrement, l'idée que l'enfant ne sent rien, qu'il ne voit rien, qu'il n'entend rien, et donc qu'il est inutile de s'adresser à lui, de lui parler; si l'on veut maintenir, contre vents et marées, le fantasme originel qu'il est insensible, n'étant animé que par des réflexes archaïques, c'est pour justifier le : « Ne vous souciez pas de lui. » Nous allons le peser... 3,250 kg; nous allons le mesurer : 50 centimètres; nous allons étudier ses réflexes archaïques et, pour cela, on le laisse tomber dans le vide... il hurle et met les bras en croix... réflexe de Moro positif : ++, c'est très bien, c'est normal. On l'examine, sans ménagement, on le secoue, on lui fait perdre sa sécurité de base, il se contracte, il hurle, mais, bourreaux d'enfants, nous nous réjouissons : il est normal ! on ne sait jamais, il pourrait présenter quelques défectuosités, nous allons multiplier les examens, les tests, les investigations, les prélèvements, pour nous rassurer. Dans le cadre du projet G.A.M.I.N. (gestion automatisée de médecine infantile), il importe que le monstre ordinateur soit nourri de toutes ces informations qu'il ne doit jamais oublier. A quoi ça sert ? — C'est obligatoire ! — Mais pourquoi ces obligations ? Ils mesurent tous cinquante centimètres, on le sait bien, on pourrait d'ailleurs les peser le lendemain ! Mais non, il faut les peser tout de suite, il faut remplir les fiches ! Les fiches établies par les scribes qui n'ont que ça à faire : réclamer les informations... cela peut toujours servir... tout doit être fiché. Il faut bien occuper les fonctionnaires dévoués à la fonction publique. Vous ne voudriez tout de même pas les mettre au chômage ! alors, à nous les grands recensements, les enfants « sur la paille » de Bethléem, le massacre des Saints Innocents ; l'Hérode médical exige ses victimes, ses prépuces, ses circoncisions inutiles, ses traumatismes postnatals accumulés « pour le bien » de nos enfants. Pour un cas d'atrésie œsophagienne qu'il convient d'opérer rapidement, tous nos enfants sont, à l'insu de leurs parents, systématiquement intubés... Mais oui, on prétend qu'il faut les désobstruer, et on en profite pour leur envoyer une sonde dans l'estomac ! On voit bien que nos chers confrères n'ont jamais été condamnés à avaler cette sonde. Ils ignorent la violence des réflexes nauséeux, ils croient encore que cette sonde s'avale comme les macaroni ! Je n'en parlerais pas si ces examens accumulés n'avaient aucune incidence sur la vie affective des enfants, inutilement traumatisés. « Vous seriez tout de même content si c'était votre enfant qui était ainsi dépisté par des examens systématiques imposant un diagnostic et une intervention chirurgicale d'urgence ! » me disait une représentante du ministère de la Santé, quand je lui soulignais les dangers et la nocivité de ces investigations accumulées. Pour un cas d'atrésie par an, tous les enfants d'une ville doivent-ils être inutilement et dangereusement intubés? Que vous le sachiez ou non, que vous le vouliez ou non, ces examens infligés au nom de la science, au nom du discours scientifique sont autant de « micro-traumatismes » inutiles dont nous devons dénoncer la nocivité.

« Qu'est-ce qu'un discours scientifique? » me demande-t-on parfois — C'est une façon de ne concevoir l'humain qu'en tant que corps biologique, marqué par le chiffre, donc pesé, mesuré, disséqué, autopsié, objet de nos investigations — « corps-chose ». Ce n'est donc pas l'accueil de l'être sensible, être de plaisir, de jouissance, « parl'être », marqué par la parole bien avant d'être nouveau-nés. « Je t'aime, je t'aime... je te... je t'ai... je soucie bien peu de notre subjectivité : elle n'est pas fondamentale, soucieuse du bonheur de l'homme. Voyez la bombe atomique! La science est faite pour « produire du savoir », c'est un montage, un artifice qui met le signifiant en place de dominance, au-dessus de notre subjectivité, et le corps, en place de producteur ayant pour tâche essentielle de produire du savoir, un enchaînement de signifiants. Vous voyez tout de suite que la subjectivité est ici le cadet de nos soucis : si je mesure la longueur de votre pied, l'instrument dont je me sers peut être chaud ou froid, mais qu'importe votre subjectivité! Ça ne me fait « ni chaud ni froid », puisque ce qui compte c'est que je puisse écrire un chiffre!

Naissance, accueil et expériences sensorielles précoces du nouveau-né

Si nous voulons comprendre ce qui se passe, il faut aller le plus loin possible dans la réflexion : changer les choses, quand on n'en a pas compris la signification, c'est vouloir faire la révolution mais s'exposer finalement au « retour du même ». Tout revient toujours au même : les astres circulent sur une même orbite, c'est cela la révolution céleste! Il n'y a rien de changé! On recommence de zéro! Si nous voulons comprendre ce qui se passe, ce qui se joue dans notre civilisation, en ce qui concerne l'accueil de l'enfant, il faut comprendre pourquoi les humains ont, si longtemps, massacré les nouveau-nés. « Je t'aime, je t'aime... je te... je t'ai... je t'hais... me! » Je t'aime... mais je te fais souffrir inutilement, pour que tu te mettes bien dans la tête que la vie n'est pas une fête, la terre un paradis! Vallée de larmes, il faut t'y faire, pauvre frère en humanité! l'amour et la haine sont étroitement mêlés... c'est l'haine-amoration (énamoration) et le « massacre des innocents », le massacre de l'humain bafoué, écrasé.

On ne parle pas aux enfants, « ils ne peuvent pas comprendre ». On ne leur explique pas ce qui va se passer, on ne s'adresse pas à eux. On les baigne dans l'eau, mais il n'y a pas ce « bain de parole » qui humanise, et cependant l'enfant (*infans*) y est si sensible! Pourquoi voudrait-on ne leur parler que le jour où ils se mettent à parler? Pourquoi veut-on d'ailleurs maintenir l'idée que l'enfant ne comprend pas et n'entend pas? Un vrai légume qui végète dans sa mère et qui pousse, aveugle et sourd, à l'abri de toute stimulation.

Est-il vrai qu'il n'entend pas quand il séjourne dans l'utérus maternel? Plongez-vous la tête dans l'eau de votre bain; entendez-vous les paroles de ceux qui vous parlent à ce moment? Oui, bien sûr, le monde de la mer n'est pas le monde du silence, nous le savons maintenant. Dans le film de Frédéric Leboyer [1], on entend le chant d'une flûte indienne. Au huitième mois de la grossesse, il jouait de cette flûte, il jouait à la mère des airs qu'elle aimait. Que se passe-t-il au petit matin, quand les oiseaux chantent, quand après la naissance il reprend sa flûte pour faire entendre à l'enfant l'air que sa mère aimait tant? Il sourit aussitôt! Bien sûr, il ne vous *dit* pas : « Ah, voilà l'air que j'avais entendu! » Mais son sourire vous prouve qu'il a reconnu la

1. *Naissance*, distribué par Gaumont.

mélodie. Tout cela, bien sûr, à la condition que vous respectiez sa « sécurité de base ». Si vous le déplacez brutalement, si vous le « déportez » rapidement, horizontalement ou verticalement, il perçoit l'hostilité de vos mains, la brutalité de ces transports, et il crie, se contractant aussitôt. Donc pas de mains impatientes, pressées, qui le mobilisent trop brutalement, mais des paroles chaleureuses, affectueuses, amicales, positives qui le confirment dans la certitude qu'il est accueilli amoureusement. Si vous voulez le sécuriser, redonnez-lui les soins qu'il percevait quand il était en sécurité dans le ventre de sa mère, chantez-lui cette chanson que vous fredonniez avec tant de plaisir les derniers mois de la grossesse.

Il faut peut-être que je vous parle des travaux de Jean Feijoo concernant l'audition fœtale. J'en ai déjà parlé dans *Naître... et sourire,* en 1975, quand j'ai signalé que, contrairement à ce que l'on pensait et disait jusque-là, les sons graves étaient mieux perçus que les aigus. Et nous savons que, dans l'eau, les sons graves se transmettent à grande distance. Qu'a fait Jean Feijoo? Il a pris le basson de *Pierre et le Loup...* onze secondes d'enregistrement des sons graves du basson, et il l'a fait entendre à des enfants, au cours du dernier trimestre de la grossesse : la mère enceinte de huit mois s'allonge sur un lit pour écouter de la musique sophronique. On place au niveau de la tête de l'enfant, à deux centimètres de la paroi abdominale, un émetteur dynamique (50 décibels) qui fait entendre à l'enfant l'enregistrement du basson, et cela une minute, puis trois minutes, puis six minutes après que la mère s'est allongée. Donc l'enfant entend trois fois cette bande d'enregistrement de sons graves. Bien entendu, quand la mère s'allonge, l'enfant bouge : les sons perçus sont associés aux mouvements de l'enfant. Répétez cette expérience une dizaine de fois, à la même heure et l'enfant est « marqué » par les sons graves, définitivement. Vous lui faites entendre le basson et il se met à bouger aussitôt : les mouvements sont significatifs. Que se passe-t-il au moment de la naissance? Si l'enfant est accueilli sans ménagement, brutalement, il crie, il hurle, il est tendu, les poings fermés, les yeux clos. Faites-lui entendre le basson, immédiatement il cesse ses cris, il se détend, il respire calmement, et si vous ne lui envoyez pas la lumière dans la figure, il ouvre les yeux! On a demandé aux parents de ne pas faire entendre à l'enfant le basson de *Pierre et le Loup;* trois, six, ou dix-huit mois plus tard, l'expérimentateur a fait entendre à l'enfant le basson de *Pierre et le loup*, dans l'œuvre de Prokofiev : il s'est mis à sourire, tournant son regard vers la source des sons, il s'est approché, manifestant son plaisir d'entendre le son de cet instrument. Bien entendu, la musique de Bach ou de Beethoven n'avait pas la même efficacité, n'exerçait pas les mêmes effets sécurisants. L'enfant, dans l'utérus maternel, perçoit les sons, d'abord les graves, puis les aigus; l'oreille interne se développant progressivement des graves aux aigus chez tous les animaux. Il faut savoir que les sons graves sécurisent l'enfant tout particulièrement, contrairement à ce que certains « audio-phonologues » affirment trop souvent. La voix maternelle enregistrée peut-elle agir comme le basson? Les travaux de J. Feijoo semblent prouver qu'elle n'a pas l'efficacité des sons graves. A-t-elle des effets différents? Avec la voix maternelle, aucun conditionnement n'est objectivement établi, mais il suffit d'enregistrer la voix d'un homme prononçant, par exemple, les mots : « bien portant », « content », « souriant », ces mots répétés venant « marquer » l'enfant, en fin de grossesse, pour que nous puissions observer les effets de ce conditionnement. Après la naissance, si l'enfant hurle et crie sa détresse, la voix du père parlant à la mère ne calme pas l'enfant, mais si l'on demande au père de répéter les mots enregistrés « bien portant », « content », « souriant », l'enfant se calme aussitôt. Que faut-il en conclure? L'enfant reconnaît les mots, la mélodie, la berceuse « fœtalisée ». Pourquoi donc ne lui parlerait-on pas? Le « futur père » ne devient-il pas « père » quand il s'adresse à son enfant? Une psycho-prophylaxie obstétricale sécurisante ne peut-elle se développer au cours du dernier trimestre de la grossesse, fondée sur la parole et l'audition?

La parole joue un rôle bien avant la naissance, bien avant que l'enfant ne soit capable de parler! Quand Spitz la situe seulement comme troisième organisateur social, bien après le sourire du troisième mois et même après l'angoisse devant l'étranger du huitième mois, quand l'enfant est capable de répéter les sons que sa bouche produit, il oublie que l'aventure humaine ne commence pas quand l'enfant se met à parler! Et il existe encore certains psychanalystes qui répètent une sorte de catéchisme freudien d'une libido postnatale qui vient s'étayer sur la satisfaction du besoin, de la succion du sein maternel. Avant? Rien, pas de libido, pas de parole. Tout commence avec l'allaitement! Nous savons maintenant qu'il n'en est rien! La parole existe bien avant que nous puissions parler : Jacques Lacan l'a bien montré, la voix est un objet « non spécularisable » peut-être, mais dans la liste des objets, regard, sein, fèces, elle joue un rôle essentiel.

Est-ce à dire qu'avant la maturation de l'oreille interne, qui conditionne la possibilité d'une audition fœtale, les parents ne peuvent pas entrer en contact avec leur enfant? Dès les premiers mois de la grossesse, la peau de l'enfant est sensible intra-utéro : il réagit à la moindre stimulation, à la plus légère pression. Peut-on envisager la possibilité d'entrer en relation avec l'enfant par le contact, « avec tact »? Bien évidemment, poser la question c'est déjà s'engager dans une réponse.

François Veldman, un médecin hollandais qui travaille à Nimègue, a bien montré que l'on pouvait apprendre, au père et à la mère, à prendre contact délicatement, amoureusement, avec l'enfant, à partir du moment où l'on peut percevoir ses mouvements. Une légère pression quand la mère ou le père est en contact « haptonomique » et l'enfant réagit; il vient placer son dos sous votre main, il joue et suit la main, et les yeux du père et de la mère, qui perçoivent sa réponse, s'illuminent aussitôt. Les parents peuvent donc apprendre à prendre contact avec l'enfant, haptonomiquement, c'est-à-dire selon des règles (*nomos*) bien précises, l'haptologie étant l'étude du « toucher » (*haptos*, en grec), du « tact », de la prise de contact; haptonomie : ce mot vous paraît insolite, inhabituel, mais, dans quelques années, il vous sera aussi familier que : « adapté », « inadapté », « apte », « inapte », « abcisse », « synapse »... si vous acceptez d'apprendre à accueillir amicalement les nouveau-nés. Vous noterez qu'avec François Veldman le père n'est pas éliminé : la mère ne fait pas obstacle à l'établissement des premiers contacts, elle se réjouit même de ces premières manifestations, de ces premiers échanges, de ces premiers jeux du père et de l'enfant.

La place du père

Jusqu'ici, le père était abusivement absent. C'était toujours le même « ron-ron » : la mère et l'enfant, à l'origine, ne font qu'un. C'est mon sang, c'est ma chair, c'est ma vie! C'est moi qui l'ai fait! Il m'appartient exclusivement, c'est lui mon seul souci!... Étonnons-nous, dans ce contexte, des ravages d'une telle conception. Mais qui fait l'enfant? L'homme ou la femme? Ni l'un ni l'autre, mais l'un *et* l'autre. Pour qu'un enfant apparaisse, nous pouvons même affirmer qu'il ne suffit pas de vouloir un enfant, et de multiplier les exercices prescrits par quelque Kama Soutra. « Faire » un enfant, « faire » de la gymnastique, « faire » un gâteau dans un four! Qui dit couple créatif dit trois plus que deux, puisque dès qu'il est conçu, l'enfant est autre chose qu'un amas de cellules en cours de multiplication. On peut l'accepter ou le refuser, l'accueillir ou le faire disparaître, entrer en relation avec lui. C'est un humain « en devenir » si la grossesse se poursuit, si la mère prend la responsabilité d'en assurer le développement. Être parent, c'est cela, accepter la responsabilité, la vie toujours risquée, quoi qu'on en pense ou dise : « Pour un nouveau-né, sans risque »; propos publicitaires ou souhaits pieux?

Quoi qu'il en soit, ce que je veux souligner, c'est que l'homme étant un être de relation, trinifié par le fait de parler, il n'est pas possible d'être « père » sans la présence de cette femme qui est la mère, pas plus qu'il n'est possible d'être « mère » sans l'intervention de cet homme qui peut se dire « père ». On est « père » ou « mère » avec l'autre, dans une relation parentale créatrice de vie permettant à l'enfant de s'autonomiser progressivement. Ce qu'il y a de spécifique chez l'humain, ce n'est d'ailleurs pas du tout qu'il soit un être de besoin, c'est bien plutôt qu'il soit un être de désir. Mais, lorsqu'il s'agit du nouveau-né, on ne parle que des besoins, besoin de lait ou de stimulations tactiles, de massages ou de caresses. Être de désir, l'enfant s'exprime, et si nous savons l'accueillir, nous lui parlons, nous adressant à lui, comme à un auditeur privilégié. A la limite, nous pouvons lui parler dès la conception. Certains s'adressent à lui avant même qu'il ne soit conçu! Mais reconnaissons-le, c'est à un enfant imaginaire qu'ils parlent en ce cas, comme dans un rêve. Ce qu'il y a de certain, dans tout ce qui se développe actuellement, c'est que l'enfant, pôle de désirs, est au cœur de nos préoccupations, en tant que sujet à venir, « en devenir », qu'il convient d'accueillir, amicalement. Les hommes et les femmes de notre civilisation veulent prendre en charge cet accueil de l'enfant, mais ils en ont marre de ces obstacles que nous plaçons, au nom de la science, tout autour des lits stérilisés dans lesquels nous parquons les nouveau-nés! Ils en ont marre de ces structures hospitalières sans hospitalité, de ces services au service de la science plus que de l'enfant, de ces services qui devraient être au service des enfants et donc de leurs parents... Une véritable pathologie iatrogène est créée à notre insu dans les services les plus technicisés, ne serait-ce que parce que le colostrum est éliminé, l'allaitement maternel précoce étant encore systématiquement « torpillé » dans bien des hôpitaux de l'assistance dite « publique », malgré une évolution récente. Il faudra bien choisir!

En tout cas, actuellement, en France, de nombreux couples souhaitent, de plus en plus, vivre l'accouchement à domicile, l'hôpital ou la clinique apparaissant comme une prison ou une caserne. Je ne sais pas si ce désir d'en revenir à l'accouchement à domicile permet de mettre de son côté toutes les chances d'enfanter dans la sécurité, mais il ne s'agit pas d'opposer stupidement la science et l'accueil de l'enfant. Ne pourrait-on pas, au lieu de se battre, unir nos efforts? C'est là le but de ceux qui travaillent dans l'interdisciplinarité du Groupe de recherches et d'études du nouveau-né (G.R.E.N.-N.). Mais comment faire comprendre au corps médical qu'il n'a pas à se substituer au père ou à la mère, qu'il doit respecter le couple et se tenir, en quatrième position, au service de l'enfant et de sa famille? Il n'est pas facile, parfois, de ramer à contre-courant... On l'a bien vu lorsqu'on a abordé la question de la présence du père lors de la naissance de son enfant : là, on touche un problème important, problème que notre civilisation refuse le plus souvent d'envisager. Le Père, on ne veut pas en parler. C'est un gêneur. Mais lorsque la question nous entraîne à « l'homme enceint », alors, c'est tout le problème des rites de couvade et de la psychopathologie de la grossesse qui est posé. La couvade était une réponse socialisée : l'homme se couche quand la femme accouche! On s'est beaucoup moqué de la couvade, et on se moque toujours du père trop impatient, trop inquiet, trop maternel. On lui reproche de s'identifier à sa femme. Pauvres pères! Ce que l'on oublie de dire, en ce qui concerne les rites de couvade, c'est que le père, s'il s'allongeait et recevait les félicitations des voisins, s'occupait de l'enfant pendant les premières semaines : il le gardait dans ses bras, il lui parlait, il le sécurisait. La voix du père réveille la sécurité de base. On s'occupera peut-être de plus en plus du père dans les années à venir [1]. Il n'y a pas d'enfant sans père ni mère. Les services sociaux seront sans doute de plus en plus attentifs à cette question du père. Mais le père, c'est la coupure, a-t-on dit. Aussi pourrions-nous peut-être, avec lui, penser à conclure.

Discussion

Pourquoi dans certaines maternités, l'enfant qui naît est-il aussitôt séparé de sa mère? Ce sont des employés qui donnent le bain et s'occupent de l'enfant.

BERNARD THIS : Mais oui! On dit à la mère : « Vous êtes incapable... Vous êtes trop fatiguée... Ne bougez pas... Reposez-vous. Nous allons nous occuper de votre enfant. Vous ne sauriez pas le baigner... le langer... Vous êtes incompétente. Nous, c'est notre métier, nous savons! » Et voilà comment on sépare l'enfant de ses parents au nom de l'hygiène. « Vous lui donneriez des microbes... » Au nom de la science... nous avons le savoir! Criminel! Crime! Crime contre l'humanité! Que fait-on quand on sépare inutilement l'enfant de sa mère? On massacre la période sensible, la période d'attachement si importante dans le monde animal. On supprime les premiers contacts et la tétée précoce. Et ça, c'est dangereux. Il faut que nous osions le dire : il y a faute professionnelle grave! On ne perturbe pas impunément la période d'attachement. Un hôpital où l'on refuserait d'opérer un enfant pour une appendicite serait considéré comme responsable de la péritonite qui s'ensuivrait! Laisserons-nous longtemps encore se multiplier les traumatismes psychologiques postnatals! Savez-vous que les vétérinaires se moquent de nous. Ils ont étudié les problèmes posés par la séparation du petit veau, après une heure, trois heures, douze heures, vingt-quatre heures...

1. Bernard THIS : *Le père-acte de naissance*, Éd. du Seuil, 1980.

Ils étudient le taux des immunoglobines et, statistiques de mortalité à l'appui, ils ont montré la nocivité des premières séparations précoces. Mais tout le monde sait que les bébés ne sont pas des veaux! Alors, profitons-en!

J'ai demandé aux médecins et aux pédiatres pourquoi ils tenaient à mettre les bébés à la diète pendant vingt-quatre heures et parfois quarante-huit heures. C'est fou ce que j'ai obtenu comme réponse : « Cela leur fait du bien; ça les purge... ça soulage leur estomac parce qu'ils ont avalé trop de liquide... *Il faut* les faire jeûner. » Le nouveau-né est un être sensible [1] au nez extraordinairement développé. Séparez-le de sa mère : à quelques mètres, il peut encore sentir son odeur; mais si la distance est trop grande, il ne peut plus la sentir, il se met à crier. L'odeur fait partie des éléments sécurisants, elle annonce la présence du père ou de la mère. Quand l'enfant naît, il s'attache aux humains affectivement : il est donc indispensable qu'il perçoive aussitôt trois têtes ensemble, lui, sa mère, son père, trois odeurs, trois souffles, trois humains qui parlent ou s'expriment chacun à sa façon...

On dit souvent que l'enfant est aveugle à la naissance; mais si vous ne l'éblouissez pas, si vous le laissez, les yeux ouverts, dans une douce pénombre, si vous vous approchez de lui en lui parlant, en inclinant la tête, en le « saluant », vous voyez ses grands yeux absorbants, attentifs; parlez-lui calmement, amoureusement. Au bout d'un certain temps, vous verrez ses yeux qui pétillent, puis c'est le sourire, l'incendie du sourire! Un sourire d'enfant, quand il est encore réuni à sa mère par le cordon ombilical, cela ne peut s'oublier. L'enfant sourit dans les minutes qui suivent sa naissance, si nous savons le sécuriser et lui parler. Bien sûr, quand je m'adresse à un enfant, je ne sais pas ce que je lui dis. Je lui *parle*... d'une voix chantante, caressante. Oui... oui... oui... Oh, là, là! Des aigus pour attirer l'attention, des

1. « L'Aube des sens », *Cahiers du Nouveau-Né*, n° 5, Éd. Stock, Paris, 1981, sous la direction du Dr Étienne Herbinet.

graves pour le sécuriser. Une tête qui s'incline devant lui... et lui sourit; vous avez peut-être entendu parler des réflexes d'imitation précocissimes. Quand il est dans son bain « heureux comme un bébé dans l'eau »[1], je lui parle... puis j'ouvre la bouche, je la referme, sans émettre un son. Que fait-il? Il m'imite. Si je fronçais les sourcils, il s'inquiéterait parce qu'en langage « bébé » cela veut dire : « Je ne t'aime pas, tu ne me plais pas! » Mais si je lève les sourcils, les yeux en l'air, extasié, cela veut dire : « Je t'aime, tu es si beau! » Un enfant a besoin d'être confirmé positivement dans son existence, par des paroles d'amour, comme il a besoin d'être fondamentalement soutenu par des mains calmes et sécurisantes. Or, le plus souvent, on s'empare de lui en plaçant les mains sous ses aisselles — ce qui bloque sa cage thoracique — alors qu'il est si facile de placer la main sous le siège, ce qui lui donne la sécurité vertébrale de base. Il est évident que si l'enfant se sécurise au contact du corps, quand il est bien tenu, il peut, dans le bain, retrouver sa sécurité de base : la pesanteur est abolie, il flotte, c'est chaud, c'est agréable : il détend tout son corps. La caresse de l'eau stimule la fonction respiratoire. Mais il n'y a pas que le bain dans l'eau, il y a aussi le bain de parole : parler à l'enfant, s'adresser à lui, comme à un adulte, avec les mots de tous les jours. Parler de lui à un autre, c'est le chosifier; lui parler, c'est le reconnaître, et le lui faire entendre : tu comptes pour moi puisque je m'adresse à toi.

Ce que je vous dis de l'accueil, au moment de la naissance, est bien entendu valable pour les jours, semaines, mois, années qui suivent. Prenons un exemple, emprunté cette fois à mon travail à la Boutique verte, ce lieu d'accueil des tout-petits et de leurs parents[2]. Un jeudi après-midi, quand j'arrive, un enfant qui vient de téter se repose sur l'épaule de sa mère. La seule place disponible se trouve là. Je prends donc place à côté

1. Titre du film d'Alexandre Wajinberg, distribué par le S.F.R.S.
2. Voir p. 137.

d'elle. L'enfant est assoupi, dans ses bras, la tête sur son épaule. Je demande à cette jeune maman comment s'appelle son enfant : « Arnaud... Il a deux mois... Il vient de boire... Il va faire son petit rot. » Comme on vient de parler de lui, il ouvre les yeux, me regarde, je m'approche un peu de lui pour être dans le champ de son regard : « Bonjour Arnaud... Bonjour... Bonjour. Tu ne me connais pas. Tu ne m'as jamais vu. Je m'appelle Bernard. Oui, Bernard. » Il est apparemment repu mais il sort de sa léthargie digestive, et ouvre de grands yeux amusés, interrogateurs. Drôle de bonhomme qui incline la tête pour le saluer, cachant ses yeux pour faire apparaître le sommet de son crâne; les cheveux, les yeux. « Coucou... eh, le voilà! » Le jeu l'amuse manifestement. Il me fixe, immobile, et je lui parle : « Tu as bu le lait de la poitrine de ta maman, oui, oui. Tu es un beau garçon, Arnaud, Arnaud, un garçon! » Il a souri furtivement, attentif. Il m'écoute : « Oui, un beau sourire. Un beau sourire d'Arnaud. » Il prolonge son sourire. Sa mère se tourne vers moi : « Il a un merveilleux sourire, il est très éveillé. » Je n'ai pas essayé de le prendre dans mes bras, il était en sécurité dans les bras de sa mère; je me suis contenté d'un contact vocal et visuel. Et comme il me semblait très présent et très attentif, j'ai ouvert la bouche, sans rien dire... bouche ouverte... bouche fermée. Que s'est-il passé? Il a ouvert sa bouche puis l'a fermée. Il imitait tout ce que je faisais. J'ai tiré la langue à plusieurs reprises... Il a tiré la langue... Il m'a tiré la langue. J'ai fermé un œil, il a fermé les yeux. Les mères qui étaient autour de nous riaient, c'était étonnant de voir un enfant aussi présent, heureux d'imiter les mouvements de mon visage. Je ne l'ai revu que trois semaines plus tard. Il était assis dans un petit fauteuil. J'ai d'abord dit bonjour aux différentes personnes qui se trouvaient dans la pièce, puis je me suis mis à genoux sur le tapis, en face de lui, en lui disant : « Bonjour Arnaud. » Mais lui, comment a-t-il réagi à ces retrouvailles? Il a ouvert la bouche, il a tiré la langue à plusieurs reprises, il a fermé un œil, c'était un festival de mimiques expressives. Toutes les mères riaient. « Mais pourquoi riez-vous? — Mais vous voyez bien qu'il vous refait toutes les grimaces de l'autre jour. Il reproduit votre mimique! » Eh oui, il reprenait le contact là où il en était resté. C'est élémentaire. L'enfant a une mémoire extraordinaire. Tout ce qui est emmagasiné dans le corps peut ressortir dans certaines circonstances. Vous le voyez, par cet exemple, accueillir un enfant, c'est lui parler. Ce n'est pas forcément le prendre dans ses bras.

Si les enfants à la Maison verte apprennent à « entrer en contact », à s'exprimer, à parler, à avoir du plaisir dans la société des autres enfants, dans la société des adultes, c'est dans la mesure où, sans les rapter à leurs parents, nous leur parlons. A la Maison verte, les enfants viennent avec leurs parents, ils sont donc en sécurité, ils ne se sentent pas abandonnés, enlevés, ce ne sont pas des enfants paquets. Nous n'avons pas à les séparer, nous respectons la période d'attachement, mais nous les préparons à la vie en société (crèche, école maternelle, nourrice). Respecter l'attachement, à la période sensible, me semble élémentaire. C'est une faute professionnelle grave que ce massacre de la relation enfant-parent. Mais ça ne sert à rien de dire que nous accueillons les enfants avec amour, notre amour est souvent si ambigu! Plus d'ailleurs, nous affirmons que nous les aimons, plus, peut-être, nous exprimons des sentiments d'hostilité... pour ces petits frères, ces petites sœurs, ces rivaux de notre enfance. Si, dans les services publics, les enfants sont si mal accueillis, comme des objets, c'est peut-être parce qu'ils réveillent nos sentiments d'hostilité, notre « jalousie du puîné ». Mais c'est sans doute plus compliqué : l'enfant est aussi un objet que l'on s'arrache. La structure hospitalière veut l'enlever, le prendre à ses parents. La naissance est aussi volée aux parents par le corps médical.

N'y a-t-il pas une certaine analyse à faire de la fonction du gynécologue, dans son rapport, dans sa position vis-à-vis de la femme?

B. T. : Si, bien sûr, mais qui doit la faire, cette analyse? Doit-elle être infligée aux gynécologues, de l'extérieur, par quelqu'un qui prétendrait « tout savoir ». L'interprétation doit venir en son temps, dans une relation vivante. Elle ne doit pas être plaquée, arbitrairement, sous peine d'être persécutive. Comment donner envie de travailler humainement, amicalement, dans ces maternités? C'est difficile d'être obstétricien, c'est épuisant parfois! Et quand dix accouchements ont lieu dans la même nuit, il est difficile de rester disponible. J'admire certains obstétriciens, certaines sages-femmes, d'un dévouement étonnant, toujours sur la brèche, de jour comme de nuit. Comment faire pour que ça bouge dans les services publics? Je ne sais pas. Il faut du temps. Vous ne pouvez pas obtenir, en quelques secondes, une rose épanouie, à partir d'un bouton. Arracher les pétales n'est pas une solution. Il faut respecter sa maturation...

N'est-ce pas également un problème politique lié à une conception de la famille?

B. T. : Il convient d'envisager le problème aussi sous cet angle. Mais je n'ai jamais entendu nos hommes politiques parler de l'accueil de l'enfant. C'est un fait, les politiques ne semblent pas se soucier de l'accueil du nouveau-né : ce n'est pas un citoyen qui vote! Et d'ailleurs que pourraient faire nos ministres ou députés? J'ai rencontré un jour une femme ministre de la Santé. Je lui ai parlé de l'accueil des nouveau-nés, je lui ai demandé ce qu'elle comptait faire. Sa réponse fut à peu près celle-ci : « Je ne ferai rien, je ne ferai rien, je ne ferai rien! » Je lui ai répondu : « Parce que vous ne *pouvez* rien faire? — Mais oui, on ne peut pas toucher à un système féodal! » On peut être ministre de la Santé et reconnaître ses limites, savoir qu'un service hospitalier est dirigé par un patron, responsable de son service, inamovible. Les ministres passent, les patrons restent! Alors que faire, quand les médecins pressés, débordés, veulent « parer au plus urgent » en s'occupant strictement du « corps biologique », des hormones, des césariennes... des examens biologiques! Dans certaines structures hospitalières, le discours médical est comme un rempart contre l'angoisse de mort : n'oubliez pas que la naissance, c'est vie *et* mort. Le médecin est là, dans une position que l'on peut critiquer, mais qui n'est pas facile à vivre. Je ne sais pas, au fond, comment les choses pourront changer; je ne crois pas que ce soit dans des décrets ministériels ni des bouleversements politiques que l'on pourra transformer notre civilisation. Quel que soit le régime politique, d'un côté ou de l'autre, par exemple du rideau de fer, c'est la même attitude : le même « massacre des Saints Innocents ». Selon sa personnalité, son histoire et même peut-être s'il a vécu une naissance difficile, un médecin se précipitera dans une série d'interventions médicales ou chirurgicales, au lieu de laisser les phantasmes apparaître : il va colmater l'angoisse, il empêchera cette femme de parler, de s'exprimer, à sa façon, éventuellement par des cris. Pouvez-vous obtenir de ceux qui s'occupent de naissance qu'ils revivent d'abord leur propre naissance? C'est peut-être par là qu'il faudrait commencer. Pour que ça change, changeons! Soyons « en devenir ». Vous vous interrogez, nous nous interrogeons dans un dialogue difficile, tendu peut-être, mais il y a moins de certitudes que dans un discours magistral. Nous nous interrogeons! du latin *rogare :* « demander », « prier », « solliciter ». S'interroger, c'est quelquefois s'étonner, s'émerveiller. Ce point d'interrogation, vous l'avez vu? Qu'est-ce qu'un point d'interrogation? c'est ce qui décrit la position de l'enfant *in utero*. Pendant neuf mois, il s'interroge, replié sur lui-même. Au moment de la naissance, c'est le point d'exclamation. Il crie, il appelle, il s'érige...

Tout à l'heure, et assez souvent, on a parlé des besoins de l'enfant. Vous l'avez relevé, et vous avez dit que l'enfant n'était pas seulement un être de besoin mais un être de désir?

B. T. : C'est douloureux, ce que je vais vous dire. On m'a toujours appris que l'enfant était un être de besoin : le premier besoin, c'était le sein! Les psychanalystes ont longtemps confondu besoin et désir! Lisez certains textes analytiques : c'est un peu une turpitude, à ce point de vue! On écrase le désir sur le sein maternel nourricier... Et la parole n'apparaît que quand l'enfant parle. Avant, on ne lui parle pas : il ne comprend pas, ce n'est pas la peine de lui parler. Et celle qui a renversé cette « turpitude » analytique, c'est Françoise Dolto, quelqu'un qui appréciait les travaux de Jacques Lacan, et en particulier son « Discours de Rome », en 1954 [1] : la parole est avant nous, elle nous précède. Ce n'est pas nous qui créons la parole, c'est elle qui fait de nous des êtres de parole, des « parlètres ».

Alors besoin ou désir?

B. T. : A partir du moment où il y a parole, il y a désir. Je ne dis pas qu'il n'y a pas des besoins! Il faut aussi lui donner à boire et à manger, il ne se nourrit pas *que* de paroles. Mais l'expérience nous montre que l'enfant n'est pas un simple « tube digestif ». C'est un être vivant dans un monde de signifiants : il a besoin de s'exprimer, d'être reconnu positivement, et il a besoin

1. *Écrits,* Éd. du Seuil, Paris, 1966.

que vous lui expliquiez toujours tout ce qui va se passer. Mais ne lui mentez pas. Dans ce lieu dit « Boutique verte », quand une mère dit à son enfant qui joue avec un ami : « Je reviens dans cinq minutes, je vais à la pharmacie », il arrive qu'elle ne soit pas revenue au bout d'une demi-heure. Il y a toujours une mère pour lui dire : « Vous lui avez dit cinq minutes et vous revenez trente minutes plus tard. Comment voulez-vous qu'il ait la notion du temps? Ou même qu'il apprenne à compter ? »

Nous sommes dans un milieu privilégié, où nous entendons parler de tout cela. On peut en discuter. Mais, sur le terrain, nous sommes continuellement confrontés à un certain milieu social qui justement n'est pas informé et ne peut réagir.

B. T. : C'est précisément votre travail. Notre travail! Les informer sans les culpabiliser.

Nous arrivons souvent après. Par exemple, de jeunes femmes enceintes qui acceptent mal leur grossesse. Que l'on commence à les préparer, c'est déjà quelque chose, mais lorsqu'elles arrivent à terme, n'ayant pas eu la chance de pouvoir rencontrer quelqu'un qui puisse leur donner les explications, comment faire? Surtout que dans la plupart des cas ce sont des jeunes qui ont eu un passé douloureux : abandonnées, mises à l'Aide sociale à l'enfance... Comment voulez-vous répondre à leur drame? Comment arriver à faire cette prévention, comment essayer de les aider, éviter cette détresse de la mère et de l'enfant? Car la mère revit à ce moment son propre abandon.

B. T. : Vous posez très justement le problème crucial de la prévention. Or, trop souvent, on n'envisage la prévention que sous un angle médical : votre nom, votre numéro de sécurité sociale, fiches, cartes, diagnostic. Et, dans un lieu médical, même si vous enlevez votre blouse blanche, cela ne marche pas. C'est trop médicalisé, psychiatrisé, ça ne vit pas! Il faut des lieux non médicalisés, des lieux d'accueil plus vivants, plus libres. On ne peut pas faire une piqûre à l'enfant le matin, le peser, l'examiner... et l'après-midi, dans les mêmes lieux, l'accueillir comme si de rien n'était... Vous, vous pouvez enlever la blouse et vous sentir dans la peau d'un autre personnage, mais lui vous reconnaît... et, d'ailleurs, certains enfants pleurent dès qu'ils reconnaissent les lieux. Prenons l'exemple des « mauvaises mères », ou dites telles. Cela ne sert à rien de les étiqueter, de multiplier les enquêtes d'assistantes sociales, les mesures administratives, les gros dossiers, les tests, etc. Cela ne les aide pas; cela les écrase encore plus. Mais quand ces femmes sont accueillies par d'autres femmes et d'autres hommes dans un climat chaleureux, où l'on peut s'entraider, verbalement, activement, c'est tout à fait différent. Dans notre civilisation urbaine, on laisse des mères séparées de leurs jeunes enfants, seuls des journées entières. Une mère célibataire travaille toute la journée, se dépêche d'aller chercher son enfant à la crèche. Elle n'a pas d'autres relations sociales. Rien. On ne se dit même plus bonjour dans la rue, dans l'escalier avec ses voisins de palier! Et vous, vous voudriez que dans cet abandon elles soient de bonnes mères. Être mère, c'est être mère *avec* un homme. Être père, c'est être père *avec* une femme... On n'est pas mère d'un enfant comme on est propriétaire de « quelque chose ».

Je pense que l'on peut parfaitement faire des examens de dépistage et des vaccinations et accueillir parfaitement bien la famille, être à l'écoute des parents, être extrêmement attentif. C'est un problème d'information au niveau des quartiers, c'est un problème de moyens. Il faut redonner aux gens qui habitent dans les petits quartiers, dans les agglomérations, le pouvoir d'accéder à une certaine information.

B. T. : Vous pouvez faire du dépistage et être à l'écoute, mais celui qui vient de se faire vacciner ou examiner, surtout quand il s'agit d'un enfant nouveau-né, que l'on malmène « pour étudier ses réflexes archaïques », a-t-il envie, a-t-il la possibilité de s'exprimer? Dans le cadre de la P.M.I., l'accueil de l'enfant est-il possible? J'en doute, mais ne demande qu'à me tromper sur ce point. Si je me trompe, tant mieux... et je m'en réjouis. *Vous* faites sûrement du bon travail de protection maternelle et infantile. Mais *notre* souci de prévention implique un tout autre point de vue : le couple, par exemple, ou le père, y est en question de tout autre façon.

Les couples que nous voyons à l'Aide sociale à l'enfance sont tellement démunis... Vous avez parlé de l'accueil de l'enfant, de l'interrogation de l'enfant dans le ventre de sa mère, mais pensez-vous à l'interrogation de ces femmes pendant toute leur grossesse, et l'interrogation de la jeune fille enceinte qui ne sait peut-être pas de qui, qui a un lourd passé? C'est quelque chose d'affreux.

B. T. : Que l'enfant s'étonne, s'interroge, c'est une chose. Cela n'exclut pas la problématique maternelle ni la problématique paternelle. Ce n'est pas *ou* l'un *ou* l'autre, c'est l'un *et* l'autre. Je ne vois pas pourquoi, s'occupant de la mère, on délaisserait ce point de vue de l'enfant ou du père : d'ailleurs, quand on s'occupe de l'accueil de l'enfant, dans un service, on y accepte toujours le père. Mais souvent, quand on s'occupe d'accouchement sans douleur, on refuse de s'occuper de l'accueil de l'enfant, de sophronisation musicale, d'haptonomie, comme s'il s'agissait de techniques incompatibles, alors que ces différents points de vue devraient tous être intégrés, rassemblés dans une perspective dynamique, qui bien sûr tiendrait compte de l'existence de l'inconscient. Une femme enceinte devrait pouvoir parler de ses rêves! Mais dans une consultation d'obstétrique où l'on débite du cas à la chaîne, c'est impossible. Alors, l'interrogation sur le père, l'élaboration du lourd passé, l'existence des fantasmes, tout cela est colmaté : « Prenez tel ou tel médicament... une petite pilule... et n'en parlons plus. » Les symptômes n'ont pas de sens. On veut les ignorer pendant la grossesse. « Ce n'est pas grave, ça s'arrangera. » Mais, au moment de l'accouchement, ça ne s'arrange pas, une dystocie apparaît... et le cycle des interventions médico-chirurgicales se développe. Ou se termine par une césarienne!...

Par rapport aux enfants que nous accueillons dans les services de l'Aide sociale, comment peut-on déterminer ce dont ils ont souffert; nous n'avons aucun renseignement sur eux?

B. T. : Eh oui, nous n'avons pas le souci de constituer pour l'enfant un dossier lui permettant de comprendre tout ce qu'il a vécu. Nous partons de ce principe qu'il est trop petit pour se souvenir et pour comprendre! Alors, nous ne nous occupons que du corps biologique, nous le plaçons et déplaçons comme un paquet. Mais prenons l'image d'une plante enracinée dans un pot : elle ne poussera pas si, tous les mois, en la transplantant, vous cassez ses racines... Peut-être faudrait-il plutôt chercher des solutions qui, en évitant toute rupture, ne condamnent pas l'enfant à exister sous la seule forme d'un dossier. Il faudrait par exemple multiplier les lieux d'accueil et d'échanges dans chaque quartier, comme celui de la Boutique verte que Françoise Dolto va nous décrire, ou d'autres types d'expériences, qui sont encore à inventer...

La Boutique verte

Histoire d'un lieu de rencontres et d'échanges entre adultes et enfants

Françoise Dolto *

Après une année de fonctionnement de ce lieu de vie et d'accueil social pour enfants de zéro à trois ans non séparés de leur père et mère — compagnons de vie en qui leur identité s'enracine —, l'espoir fait sur notre hypothèse de départ est confirmé au-delà même de nos prévisions : la réalisation en cours répond à une *nécessité* pour la population citadine actuelle. Le succès qu'elle rencontre en est la preuve alors que, vu l'exiguïté des lieux et notre incertitude à pouvoir continuer cette expérience, nous n'avions fait aucune publicité la concernant. Les usagers n'en ont eu connaissance que de bouche à oreille : aux consultations de P.M.I., entre mères ou par les gens du quartier qui, en passant, regardaient jouer des enfants devant une boutique dont la vitrine arbore des ballons et quelques affichettes; elles invitaient leurs lecteurs à en savoir plus et à y envoyer mamans et enfants jouer et se détendre en en rencontrant d'autres.

Les êtres humains, mères, pères, enfants, amenés à se rencontrer dans ce lieu, sont aidés à se comprendre entre eux et à s'entraider au contact d'autres, alors que lorsque les parents sont isolés, leur angoisse, d'où qu'elle vienne, perfuse littéralement leur bébé et leurs enfants plus grands. Ce qui provoque, surtout chez l'enfant

* Médecin, psychanalyste.

petit, des effets de dysfonctionnement, en réponse à cette angoisse parentale. Si ces effets ne sont pas compris par les parents comme langage d'intelligence inter-relationnel, ils déclenchent à leur tour l'angoisse des parents, cette fois attribuée à l'inquiétude concernant la santé de leur enfant. Des réactions et inter-réactions inaugurent alors en chaîne sans fin, entre mère, père et enfants, des relations perturbées. Celles-ci, bien qu'elles ne mettent pas en danger la vie de l'enfant, sont pourtant l'occasion de soins intempestifs : calmants — habitude préconisée de la drogue somnifère —, régime, réponse au corps. Chez les plus grands, elles entraînent gronderies ou sévices correcteurs, alors qu'*il s'agit toujours de langage à décoder et à verbaliser au jour le jour*.

Une autre angoisse provient de la mutation subite, physiologique et affective, que produisent la maternité chez une femme et la paternité chez un homme. Leurs nouvelles responsabilités, les limitations à leur liberté et l'existence de *cet enfant-là,* avec ses particularités de complexion somatique et de sexe, tout cela n'est jamais seulement dans la réalité mais dans la rencontre de la réalité *avec* les projets et les fantasmes des parents, antérieurs à la naissance de l'enfant. La place que prend ce nouveau ou cette nouvelle venue dans le couple remanie toujours la relation des conjoints. Elle la modifie, la tourmente parfois jusqu'à la briser quand l'un des deux ressent comme frustrant à son égard la nouvelle façon d'être de l'autre, ou qu'il trouve à critiquer la relation de son conjoint avec le nouveau-né.

Il en est de même dans la modification relationnelle entre les aînés d'une famille et leurs parents, lors du travail d'acceptation de cette épreuve toujours émouvante, surprenante, dérangeante qu'est la venue du bébé nouveau-né. Il s'agit toujours de troubles de l'identité qui, légers ou graves, frappent, à des degrés divers, les membres de la famille la plus harmonieuse qui soit, du fait de l'adaptation de chacun à cette situation nouvelle. L'arrivée d'un bébé nécessite, en effet, l'intervention d'un climat d'accueil où chacun des jeunes et des moins jeunes puisse poursuivre son développement, enrichi d'une expérience nouvelle. Et je ne parle pas de la mutation parfois brutale du comportement de jeunes adultes-parents face à leurs propres géniteurs, grands-parents des deux lignées; mutation en citoyen totalement responsable devenu pleinement conscient de son rôle parental. Si cette mutation ne peut se faire parce que la société ne les y aide pas, cela induit une régression de ces jeunes adultes/nouveaux parents, déprimés ou frustrés par les difficultés matérielles inhérentes à la venue d'un nouveau-né, auxquelles s'ajoutent des difficultés morales, qu'ils cherchent à pallier par des conduites de dépendance consolatrice à leurs propres parents. Ces conduites sont toujours nuisibles au nouveau-né et à l'entente qui doit se renouveler dans le couple, à partir du moment où homme et femme partagent la responsabilité d'une alliance non plus seulement réciproque mais face à leur descendance.

Aussi faut-il, en ville, pallier la solitude épuisante des mères et pères, surtout celle des plus jeunes pour leur premier enfant. Il faut aussi, lorsqu'ils ont plusieurs petits à élever, les aider à supporter leurs nouvelles responsabilités et dépasser leur ignorance, leur inquiète impuissance devant les imprévus, et pour la plupart leur inexpérience totale des nouveau-nés. L'accouchement, les modalités de la naissance dans notre monde civilisé et la mise en route de cette relation nouvelle du bébé à ses parents s'accompagnent presque toujours dans les maternités de séparations.

Séparation de corps entre la mère et son compagnon et esseulement brutal de celui-ci à la maison, séparation pendant plusieurs jours entre la mère et son nourrisson, hors de portée, de voix, de regard, de toucher, de communication. Quelle détresse subite pour un nouveau-né qui vient d'être séparé de tout l'univers sécurisant de sa vie fœtale, ayant baigné pendant neuf mois dans le climat rythmique de sa mère et pendant les derniers mois, dans le climat sonore des voix de ses parents, de leur rythme de vie, de celui de son entourage humain ! Sous prétexte du repos de la parturiente, il est, brusquement, totalement séparé d'elle, mis dans un lit fixe, plongé dans le climat étranger et sonore, braillant, de la nurserie de l'hôpital. Les infirmières chargées des soins de son corps subissent le roulement des « trois-huit ». Comment s'y reconnaîtrait-il ? Cela dure quelques jours où la mère, si elle ne nourrit pas au sein, a très peu de contacts avec son bébé, étrangère à lui, et son enfant à elle. Quant au père, si son travail, l'éloignement de la maternité et le besoin qu'ont de lui les autres enfants lui permettent de rendre visite à sa femme, c'est à la sauvette, sans qu'on ait le temps de parler ; encore moins a-t-il le temps de faire véritablement connaissance avec son fils ou sa fille nouveau-né, objet du personnel hospitalier. Si l'enfant et la mère se portent bien, tous le félicitent, mais, dans la réalité, il se sent profondément frustré. Ces conditions déshumanisantes non seulement pour les parents mais pour le nouveau-né et leurs conséquences angoissantes pour les plus sensibles d'entre eux rendent traumatique le retour de la mère et du bébé au foyer. Pour lui, l'insolite et nouvelle modification des perceptions sensorielles de son environnement n'a pas été médiatisée par l'inter-relation de tendresse des paroles paternelles et maternelles ni par le nichage dans les bras de la mère, dans le climat personnalisé et sécurisant de son odeur, de sa voix. Il n'y a pas eu, pour la mère, d'inter-adaptation à son nourrisson. Lorsque celui-ci est gardé en couveuse, ou en surveillance dans un service hospitalier, que dire alors du hiatus temporo-spatial qui, de la naissance au retour à la maison et en l'absence de co-naissance entre mère, père et enfant, va durer des semaines de désert inter-relationnel !

Compte tenu de ces réalités, nous faisions l'hypothèse que la parole explicatrice de toutes ces épreuves, dite à l'enfant par ses parents ou par une autre personne en présence de ses parents, pouvait être un moyen salvateur, corrigeant après coup les effets nocifs à court ou à long terme de ces ruptures non préparées, en rétablissant le fond de la communication entre ces êtres auparavant étroitement liés les uns aux autres. Cette hypothèse est confirmée par ce que nous avons vu au cours de ces quelques mois. Des micro-névroses quasi expérimentales sont ainsi déclenchées chez un bébé par l'angoisse de ses père et mère au cours de ces épreuves de séparations prolongées subies dans les maternités hospitalières, où l'on ignore la nécessité de la relation symbolique immédiate et intense : celle du langage, dès les premiers jours de la vie. Cette relation inter-humaine précoce, corporelle, affective et verbale est fondatrice de la personnalité de l'être humain qui, différent de toutes les autres créatures vivantes, est un « parlêtre » dès sa conception. Dans notre pratique de psychanalyste, ce que nous retrouvons à l'origine de graves conflits relationnels déclarés et visibles, nécessitant, à l'âge scolaire ou plus tard, traitement psychothérapique, rééducation du langage ou de la psychomotricité, est souvent une micro-névrose précoce que je dis expérimentale, car elle a été provoquée, imposée à l'enfant dès les premiers jours, les premières semaines de la vie, et elle aurait pu être évitée. Ces troubles tardifs sont dus, le plus souvent, non à une maladie, à un accident organique chez l'enfant ou la mère mais à l'absence de communication symbolique précoce et aux effets d'une souffrance réactionnelle à ces événements survenus très tôt dans sa vie, non résolus par la parole. Cette émergence de souffrance réactionnelle et langagière d'un bébé, ce sont les cris, signes d'angoisse des tout-petits, qu'étreint le manque de sécurité lorsqu'ils sont artificiellement séparés de leur mère et qu'ils n'ont pu, après la perte de leur sécurité fœtale, trouver par elle une nouvelle sécurité existentielle.

Nous avons vu ainsi des enfants qui, quoiqu'encore physiquement sains, étaient déjà en difficulté relationnelle et émotionnelle avec leurs parents, faisant des caprices à longueur de journée, présentant des difficultés fonctionnelles O.R.L. ou digestives, ou encore se comportant en gros bébés passifs, à léger retard psychomoteur. Ces enfants, perturbés de façon chronique, n'étaient pas en danger vital. Même si certains, insomniaques à leur moment et en tout cas difficiles à élever, n'inquiétaient pas le pédiatre, ils étaient pourtant médicamentés, sous régime, obligeant la mère à des précautions particulières de toutes sortes. Nous nous sommes rendu compte, en parlant avec leur mère et en les voyant vivre collés à elle, qu'il s'agissait sans doute chez ces enfants d'un langage du corps qui traduisait des difficultés précoces qu'on n'avait pas décodées. En effet, ces enfants étaient intolérants et phobiques à la société, phobiques au passage des animaux, chiens ou chats, alors que de mémoire maternelle ils n'avaient rien eu à subir de la société, ni des chiens ni des chats! Nous avons compris, et avons vérifié que notre compréhension était juste; qu'il suffisait de permettre à la mère de nous raconter l'histoire précoce de cet enfant, de la lui traduire avec des mots clairs, en ayant compassion de ce qu'il avait souffert étant bébé, pour que l'enfant trouve ou retrouve un ordre physiologique chroniquement dérangé et une pacification émotionnelle totale, tant avec sa mère qu'avec le reste de la société. Les arrachements d'elle précoces, auxquels l'enfant avait été soumis tout petit, lui étaient parlés ainsi simplement, avec les personnes d'accueil, au milieu des autres personnes. Pour les parents de ces enfants comme pour tous ceux qui assistaient aux transformations s'opérant chez ces petits et à leur développement rapide, c'était une confirmation que la parole juste pouvait aider un enfant à ventiler l'angoisse suscitée par un passé qui, en lui, avait laissé des traces.

Il en allait de même dans le cas de l'angoisse suscitée par des compagnons de jeu du même âge que l'enfant, vis-à-vis desquels ses relations s'étaient organisées de telle sorte qu'il était devenu soit une victime passive des autres, objet habituel des morsures et des brutalités, soit un continuel agresseur vis-à-vis d'autrui. Cela les faisait rejeter, les actifs comme les agressifs du jardin public et des collectivités d'enfants : c'était trop compliqué avec ces enfants-là ! A la Boutique verte, ces comportements autodéfensifs dus à des fantasmes archaïques autant que les comportements provocateurs inconscients des petites victimes masochiques, pouvaient se parler, dans cette ambiance sociale accueillante à tous, dans un compagnonnage sécurisé par la présence de leur mère. Pour ces femmes, le sens des réactions de victimat ou de violence agressive de leur enfant n'était plus culpabilisant ni culpabilisé à partir du moment où, en parlant, elles en comprenaient le sens protecteur pour l'identité de leur enfant, mise en danger depuis longtemps et bien avant qu'il ne soit individué au milieu des autres enfants par la vie sociale. Ce que l'enfant n'avait pu dire de ce qu'il avait souffert s'exprimait par un langage comportemental aussi longtemps qu'une compréhension de ce danger, fantasmé par lui, ne lui était pas explicitée en parole à lui-même. Ce, en présence de sa mère ou de son père, garants de son être au monde et détenteurs aussi du savoir des événements passés de son histoire, jusqu'à l'heure non dite à personne. La prévention de la violence est là, dans cet accueil social précoce, non séparateur de l'enfant d'avec ceux dont sa sécurité dépend, dans la continuité de son identité.

Au début, les différences relationnelles et comportementales qu'il peut observer dans ce lien entre sa mère et d'autres femmes, entre ces autres mères et leur enfant, tout ce qu'il observe autour de lui est nouveau et dérangeant. En effet, tout enfant se fait une idée d'absolu quant à la vérité du comportement et à l'exemplaire perfection du style de relation que sa mère et son père ont avec lui. Nous autres, adultes, assistons à ses airs stupéfaits, aux réactions d'envie ou de jalousie qu'il manifeste à l'observation d'une autre femme qu'il compare à sa mère, ainsi qu'à l'étonnement qui le prend devant le comportement d'un autre enfant, toléré ou pas par sa propre mère — comportement pourtant banal entre eux. Alors, devant cette question muette que traduit son regard sidéré, nous lui parlons, devant sa mère, de ce qu'il est en train d'observer. L'invitation au langage compréhensible par tous, à la camaraderie avec des enfants différents de lui, à l'entraide, au respect des règlements de vie du groupe d'enfants de son âge, aux activités d'enfants plus grands, soumet chaque enfant à des expériences d'apprentissage relationnel, dont certaines le mènent à des réactions de désespoir devant son impuissance. Sa mère est là qui, aidée par les personnes d'accueil, peut alors le réconforter. Non pas dans la régression nidante comme pour un tout-petit mais avec des paroles dépourvues de blâme, en lui expliquant la raison de sa différence avec les autres, et en lui permettant d'acquérir une expérience positive d'un échec ou d'une mauvaise appréciation de la réalité du moment. Peu à peu, naissent entre enfants de même force, amitié, coopération et jeu avec les autres. Par leur insertion dans cette vie relationnelle se développe alors pour ces petits l'effet promotionnant de l'autonomie en société; de même pour leur mère qui parvient progressivement à se dégager de l'esclavagisme auquel la plupart des mères, particulièrement celles qui ne travaillent pas à l'extérieur, se croient « bonne mère », de se laisser piéger dans l'exclusif souci de leur enfant, pour le plus grand danger éducatif de celui-ci. En effet, pour ces femmes, leur vie était arrêtée, envahie, bloquée par les soucis de maternage protectionnel. Elles voyaient s'étouffer leur disponibilité de citoyenne, d'épouse autant que leur potentialité d'adulte, parmi les adultes de leur âge. C'est le soulagement aussi de la culpabilité déjà freinatrice du développement des petits-moyens, de dix-huit mois, et des petits-grands, de deux à trois ans, à trouver dans ce lieu un espace de développement moteur et ludique, d'autonomie de conduite, sans que se fassent exclusivement en famille les compagnonnages identificatoires soit de la mère et du père, soit de leurs frères et sœurs bébés ou aînés; compagnonnage autant aliénant pour les uns que pour les autres du fait de la distorsion imposée inconsciemment aux désirs et aux intérêts de leur âge, qu'ils découvrent ici en toute sécurité. Et les mères nous disent : « A la maison maintenant, il sait s'occuper tout seul et il ne gêne pas constamment les autres. »

Extraordinaire vie relationnelle que nous permet d'observer cette boutique de la place Saint-Charles [1] ! Dans ce lieu exigu, sans bruit gênant, environ vingt-cinq enfants de zéro à trois ans s'y lient d'amitié ainsi que vingt mères et pères, sans compter les deux personnes dites « d'accueil » et la discrète personne « psychanalysée ». Le rôle de celle-ci, son rôle social, n'est pas celui de psychanalyste tel qu'elle peut, par ailleurs, en faire métier. C'est, je dirais, celui *d'éponge à angoisse,* à l'occasion des incidents du jour, et de compétente dédramatisation des situations tendues, interparentales et infantiles.

L'hypothèse qui était la nôtre était qu'on devait pouvoir éviter, au cours des tout premiers mois de la vie, les souffrances inutiles venues des tensions, des angoisses inter-relationnelles du bébé avec sa mère et son père; de l'enfant, *infans,* c'est-à-dire qui ne parle pas avec ses parents. Ces angoisses, nous le pensions et c'est vrai, viennent du fait des mal-compréhensions les uns des autres, des non-dits, des malentendus, du jeu des intersubjectivités enracinées dans l'histoire de chacun. L'être humain est en effet double : d'une part, c'est un être de communication émetteur-récepteur sensoriel de messages à décoder; d'autre part, il est animé sans discontinuer depuis sa naissance de la fonction symbolique, spécifique à l'être humain. Ce qu'il perçoit de l'intérieur — besoins de son organisme fonctionnel, qui cherche apaisement, et désirs de son psychisme, en quête de communication et d'échange avec les autres — s'articule avec ce qui, perçu comme venant du monde extérieur, est appréhendé par lui en appel ou en réponse des autres à son désir. Ces deux sources de perception, venues de lui et venues des autres, se tissent comme la trame et la

1. Maintenant 13, rue Meilhac, 75015 Paris, tél. 306-02-82.

chaîne d'une étoffe qui fait son vêtement symbolique quotidien : entrecroisements de messages où l'agréable et le désagréable se mêlent, du monde à son organisme en croissance et à son psychisme, comme message langagier en cours continu d'élaboration, tant sur le plan de son affectivité que de son intelligence.

Malheureusement, l'entourage adulte ne comprend pas que des fonctionnements sains ou perturbés chez l'enfant, des comportements expressifs, mimiques, moteurs, des cris sont des substituts de parole, des appels, des demandes, des réponses aussi à des paroles entendues ou à des comportements d'autrui, porteurs pour lui d'un sens qu'il leur donne. Il n'est pas encore capable de survivre sans soins physiques à son corps de besoins. Or, les relations qui, avec les personnes tutélaires, aboutissent à la satisfaction de ses besoins ne sont qu'une part minime de ses nécessaires et variés échanges humains. Parents et médecins ne sont attentifs qu'à leur agir concernant ses seuls besoins physiques : nourriture, change, repos; tandis que pour le bébé, tant à l'occasion de ces échanges substantiels que dans leur intérim, ces perceptions sont le fait d'échanges subtils : olfaction, audition, vision, toucher, rythme. Leurs variations informent son être par des satisfactions ou des insatisfactions neuropsychiques qu'il impute tout naturellement à autrui, à sa mère et à son entourage proche qui, plus que les échanges substantiels, alimentent ou affament son désir de communication interpsychique.

Sans paroles justes et véridiques sur tout ce qui se passe et dont il est partie prenante ou témoin, sans paroles adressées à sa personne et à son esprit réceptif, il se ressent entièrement objet, chose, végétal ou animal, soumis à des sensations insolites, mais non sujet humain. Les besoins seuls satisfaits font de lui un spécimen anonyme de l'espèce parlante qu'il se ressent être, mais non reconnu tel. On parle de lui, devant ou derrière lui, mais pas à sa personne. Ce sont les relations de désir qui font, au jour le jour, s'il est respecté à l'égal des adultes, la spécificité de « tel » enfant; c'est-à-dire « un » à qui l'on parle, « un » qui n'est jamais semblable à un autre, qui est toujours différent de ce qu'on attend de lui, à qui sa liberté est constamment délivrée, liberté d'être, de dire, de se mouvoir, de s'exprimer. Quand on ne le comprend pas, alors on le lui dit, et il est ainsi respecté et toléré dans son originalité fondamentale. La continuité de son existence s'informe de la répétition rythmée des satisfactions de ses besoins — propreté, sommeil — qu'expriment l'état de santé physique de chaque enfant et ses besoins de mouvement. Les malaises fonctionnels qui lui arrivent expriment les dé-rythmages ou les inadéquations de réponse du monde extérieur tutélaire à ses besoins. A côté de cette continuité dans leur satisfaction, nécessaire et suffisante pour que l'enfant survive, il doit y avoir discontinuité et non-répétition de réponse à ses désirs — même si ces derniers, par contiguïté existentielle à ses besoins, en prennent parfois le style. Les parents n'ont pas, justement, à y répondre de façon stéréotypée. C'est cela qui initie l'enfant à l'existence d'autrui, distinguable dans l'espace de sa continuité. Autrui lui est signifié par sa mère et ses familiers, par leur alternative présence ou absence dans le temps et dans l'espace proche, par le fait qu'ils sont vraiment des êtres de désir et non des objets à sa convenance. La mémoire, très précoce chez le nourrisson, lui permet de retrouver un ressenti connu de son être lorsqu'il retrouve une perception de l'autre connue.

Quand je dis « l'autre », je veux dire sa mère et les autres de sa mère, les familiers dont la présence est pour elle occasion de langage, de plaisir ou de déplaisir. L'habitude, qui médiatise la provende répétitive de ses besoins, est sécurité pour un enfant. Les comportements expressifs neuropsychiques de sa mère dans leur éventail de variation créent climat et espace de sécurité pour les désirs de son enfant, dans la mesure où ses besoins physiques n'en sont pas perturbés en qualité de plaisir, en quantité fonctionnelle, en rythme approprié. En adressant des paroles vraies à un nourrisson ou à un enfant, nous lui signifions que sa santé, sa mimique, son comportement traduisent, ou du moins incitent à supposer, ce qu'il en est de sa sensibilité inquiète ou pacifiée et de ses émois mis en éveil par une perception insolite. Par ces dires, nous établissons ou rétablissons le lien humain vivant et nuancé entre la connaissance qu'il fait au jour le jour de lui-même et celle du monde qui l'entoure. Il perçoit tout de suite qu'on cherche à le comprendre et à l'aider à se comprendre.

En cherchant à créer ce lien de sociabilité précoce ouvert aux petits et à leurs parents pour le loisir et la détente, nous tous, c'est-à-dire moi-même avec l'équipe de psychanalystes, d'éducateurs, et de personnes d'accueil qui avons soutenu ce projet, nous pensions éviter les graves perturbations secondaires que nous voyions dans les consultations spécialisées. Je veux parler des divers symptômes de mal-vivance et de mauvais développement relationnel chronique, pour lesquels les parents conduisent leurs enfants en consultation lorsque ces troubles éclosent et s'aggravent, au moment de la vie obligatoire en société, c'est-à-dire à l'école. Nous pensions que ces perturbations étaient chose de langage. Voilà l'idée que nous avions. Nous pensions que pour pallier ces troubles avant qu'ils ne s'aggravent, il fallait un lieu où les parents viendraient avec leur enfant, sans rien avoir à mettre en avant comme symptôme. Lorsque existent des symptômes déjà constitués, c'est aux consultations spécialisées que nous les adressons. Dans ce lieu, pensions-nous, il fallait un personnel qualifié, chaque jour différent, dont le rôle serait de créer un climat favorable à la communication, au développement spontané de l'être humain qui est par nature sociable. Jusqu'à présent, avant l'âge scolaire, les parents ne faisaient fréquenter, en leur présence, à leurs enfants que les enfants de leurs amis, de leurs voisins ou de leurs collatéraux; cela les jours de congé, aux vacances, avec bien des conflits à la clé, car les amitiés et les fréquentations imposées provoquent souvent des troubles réactionnels chez les enfants. Ce sont des fréquentations obligatoires, indépendamment des affinités particulières de chacun. Que de brouilles et de tensions dans les familles, relatées par les parents, lorsque leur enfant n'était pas conforme à ce qu'en attendaient les autres, ou ne se plaisait pas au contact de ses amis obligatoires ou de ses cousins. Ce, au grand dam des grands-parents dont les affinités préférentielles pour certains de leurs petits-enfants provoquaient vexations et réactions en chaîne vis-à-vis des parents de ceux-ci.

C'est une expérience concluante que celle de ce lieu d'accueil et de vie sociale, nouveau dans sa conception. Il nous apparaît que c'est la meilleure des prophylaxies de névroses infantiles et de la violence adaptatrice, subie ou agie, des jeunes enfants à la société. Dans les villes surtout, les enfants en crèche, en garderie, à l'école maternelle ne font connaissance et expérience relationnelle aux autres enfants et aux adultes qu'au prix de la séparation de leur milieu familial; séparation sans médiation la plupart du temps, et pour des séquences de temps dès le début prolongées abusivement pendant des heures, ou la journée entière. Ainsi des événements qui constituent pour des enfants leurs premières expériences d'individuation en société ne peuvent être partagées avec leurs géniteurs, témoins de leur histoire première et qui font la continuité de leur sécurité. Cette impossibilité fait que, dépourvus de moyens pour s'exprimer, les enfants se construisent une double façon d'être. En société, ils paraissent, vaille que vaille, s'adapter après des difficultés toujours manifestes; mais ils restent sans sens critique de ce qui se passe à l'extérieur de la famille. A la maison, leur comportement reste archaïque, exigeant ou dépendant, sans autonomie et sans non plus laisser à leur mère la tranquillité nécessaire à son activité. En famille, ils deviennent des « enfants collants » qui ne savent pas s'occuper et sont toujours alertés par la moindre relation de leur mère à quelqu'un d'autre, ou du danger d'être séparé d'elle. Au contraire, l'adaptation progressive à l'autonomie s'acquiert en société, par la fréquentation des enfants du même âge et d'autres adultes, dans la sécurité du lien affectif et sensori-moteur à celle et à celui en qui leur vie a pris sens d'existence. Là, dans ce lieu d'accueil et de loisir qu'est la Boutique verte, les enfants ne sont plus objets de leurs parents, ou de leurs adultes tutélaires nourriciers, ni non plus objets des adultes qu'ils rencontrent dans ce lieu. Les pères et mères sont appelés maman ou papa d'un tel ou d'une telle, les autres adultes sont nommés comme étant la grand-mère ou la gardienne d'un tel ou d'une telle. Ils ne sont pas davantage les objets anonymes des adultes d'accueil qui auraient des droits sur eux, comme le croient tous les enfants. Référés toujours à leur mère présente et aux autres enfants du groupe — sans que jamais leur soit imposée, ni même proposée aucune activité, sans jamais affronter une discipline à laquelle les adultes ne soient aussi eux-mêmes soumis — les enfants se sentent respectés comme des personnes, autant que les autres enfants et les autres adultes. Dans cet espace de vie et ce temps passés là avec leurs parents, les enfants acquièrent un quant-à-soi de petites personnes individualisées, soumises aux mêmes règles de vie que les adultes et les autres enfants présents. Par désir de jouer et de communiquer avec les autres, après un temps plus ou moins long où ils restent serrés dans les jupes de la maman, ils acquièrent l'apprentissage de leur liberté, et aussi de celle des autres. Rapidement, ils se libèrent du mimétisme et du grégarisme que l'on voit être le propre de tous les enfants, au jardin public, dans les maternelles ou les garderies. Ils se libèrent aussi de la dépendance imitatrice des autres par laquelle ils commencent à se sentir motivés et de la jalousie qui est au début un stimulant inévitable à leur intérêt, pour quelque chose dont ils voient un autre être vivement intéressé.

Tandis que les enfants découvrent l'entraide, la coopération, la rivalité, l'amitié, la tolérance de la liberté des autres et la complicité réjouissante du jeu avec ceux pour qui naissent des affinités, les parents de leur côté lient aussi des relations personnelles avec d'autres enfants que les leurs, sans que ceux-ci en prennent ombrage : eux-mêmes en font tout autant avec les mères des autres enfants, les pères ou les personnes d'accueil, sans que pour cela leur mère le leur reproche ou les mette en garde. C'est ce qu'elles font dans la vie courante, dans la rue et les jardins publics, où les mères sont alertées dès qu'elles voient un adulte s'approcher de leur enfant ou que celui-ci entre en contact étroit avec un autre adulte ! Quant aux adultes, mères, gardiennes, grands-mères, pères, en fréquentant d'autres personnes de statut socio-économique différent, d'éducation, de culture, de race, d'intérêts autres, ils s'enrichissent de ces rencontres, échanges qui, au début, prennent comme centre de leurs conversations l'éducation de leur enfant et les particularités de chacun. Ils sortent peu à peu de leur isolement, souvent éprouvant quand il s'agit de femmes au foyer, de femmes célibataires, de gardiennes d'enfants. Les femmes et les hommes qui travaillent, et dont les enfants sont du matin au soir confiés à une gardienne ou à une crèche, peuvent venir dans ce local avec leur enfant, une partie de leur jour de congé ou, le soir, après leur travail : ils retrouvent alors avec lui un contact vivant de père et de mère. En société, il est avec eux autre qu'à la maison et ils assistent, heureux, à sa joie de retrouver des petits amis et de faire participer père et mère à leurs intérêts. Les parents sont là, disponibles, contrairement à ce qu'il en est à la maison où il y a toujours tant à faire, ou bien en plein air et en promenade le dimanche où il faut sans cesse interdire tout ce qui peut être dangereux !

Afin que les parents ne se croient pas obligés de mettre en avant un symptôme de leur enfant ou un désordre pour lequel ils viendraient demander conseil, nous avons bien spécifié que ce n'était pas un lieu de consultation — ce que l'on pourrait croire puisqu'il y a des psychanalystes — ni de rééducation — ce que l'on pourrait penser puisqu'il y a des éducateurs. Il s'agit d'un lieu de loisirs entre enfants et parents, pour le plaisir de jouer et de se détendre grâce à la présence auxiliatrice d'un personnel qualifié par sa formation, mais qui est là seulement comme un simple citoyen pour faire profiter les autres de son expérience. Chaque jour de la semaine, ce personnel est différent afin que seuls les parents et les enfants se sentent chez eux, continuum-client de la Boutique, et que personne, parmi le personnel qualifié, ne puisse imposer son style personnel. Ainsi, nul n'influence de sa façon d'être et de voir les choses, les parents qui, souvent, trop souvent, sont, au début surtout, demandeurs de conseils.

Il nous semble maintenant, et les parents qui ont fréquenté et fréquentent encore ce lieu le pensent aussi, qu'il s'agit bien d'une expérience à continuer. Les bébés venus là — déjà la mère enceinte, et pendant son congé de maternité — qui ont été prévenus en parole de leur entrée en crèche parce que leur mère avait à reprendre son travail n'ont pas développé le syndrome dit « d'adaptation » à la crèche. Ce syndrome est courant chez ceux qui n'ont encore jamais fréquenté d'autres bébés ni connu d'autres adultes ou chez ceux qui n'ont jamais été dans d'autres bras que ceux de leur mère, ni alimentés ni changés par d'autres personnes qu'elle — ce qui est fait à la Boutique verte par les personnes d'accueil en présence de la mère qui leur parle la semaine qui précède l'entrée à la crèche. Revenant dans ce lieu le jour de son congé, elle exprime avec son enfant leur expérience de la crèche et, en retour, les personnes d'accueil expriment en parole leur joie de retrouver leur petit ami, dans le climat qu'il a connu les deux premiers mois de sa vie. Visiblement, le passage à la Maison verte a aidé ces enfants à supporter la séparation d'avec leur mère et pour les mères d'avec leur enfant. Des directrices de crèche en témoignent, à leur surprise. Ce qui n'est d'ailleurs pas contradictoire avec l'acceptation de la présence de la mère les premiers jours d'adaptation de son bébé à la crèche, nouvelle méthode que, de plus en plus nombreuses, des directrices de crèche ont introduite : c'en est un adjuvant positif.

De même, pour les enfants de mère au foyer, qui

mettent ceux-ci à la garderie à temps partiel, c'est la séparation nécessaire à laisser du temps libre à la mère, à laquelle en parole l'enfant est aussi préparé. L'expérience montre que les enfants ne s'y sentent plus les premières fois perdus, anxieux du retour de leur mère. Ils savent qu'elle ne les abandonnera jamais. Aussi les jours suivants ne sont-ils pas inquiets de retourner à la garderie, dans laquelle ils rencontrent des petits amis comme ils le faisaient à la Boutique verte en présence de leur mère.

Nous avons eu aussi des enfants qui avaient fait une expérience catastrophique de la garderie, à laquelle la mère n'osait plus les conduire, vu le prix qu'elles avaient eu à payer par les effets d'angoisse caractérielle et psychosomatique que ces heures de garde forcée produisaient sur leur enfant. La venue avec leur mère dans ce lieu de fréquentation d'autres enfants a été une véritable cure de leur phobie de la société. Certains ont d'abord refusé d'entrer et sont restés plusieurs fois longtemps devant la porte, la tête dans les jupes de leur mère, gênée et anxieuse devant leur comportement. L'un ou l'une d'entre nous parlait avec la mère sur le pas de la porte, justifiait l'enfant de sa méfiance, et à travers le récit des réactions de son petit à la garderie, faisait comprendre à la maman ce que celui-ci avait souffert. Les enfants n'avaient en rien été préparés à ces expériences sociales, après une situation de dépendance totale à l'égard de leur seule mère, et ils avaient pu prendre ces mises en garderie sans explications comme un rejet de la part de celles-ci, comme un besoin de se débarrasser d'eux, comme s'ils les encombraient — ce qui est parfois vrai — et non pour qu'ils s'y fassent des amis. D'après ce que les mères racontaient — leur enfant étant tout oreille ! —, c'était parfois un essai pour elles-mêmes de se séparer et de retrouver, elles, une vie sociale totalement perdue depuis la naissance de cet enfant. Au bout de quelques séances passées ainsi devant la porte, où rien n'était tenté pour les séduire ni les forcer, c'étaient les enfants qui, en confiance, entraient et prenaient connaissance de ce qui se déroulait là, toujours sans quitter leur mère qu'ils tiraient derrière eux, mais en regardant tout, avidement. Un beau jour, ils lâchent la jupe de leur maman et vont jouer non sans retourner, inquiets, très souvent à leur mère, bien qu'ils soient tout à fait rassurés par nos propos qu'elle ne les quittera pas. De tels enfants auraient eu, quelques mois après, une expérience catastrophique de l'école, et leur mère aussi, sans aucun bienfait d'adaptation à la vie sociale vraie.

Il y a aussi les enfants de gardiennes, de « nourrices de jour », leurs propres enfants surtout, toujours frustrés de voir d'autres leur « prendre leur mère », leurs jouets, et obligés de céder à ces intrus tout ce qui leur est cher. A la Boutique verte, tout est pour tous, mais chaque maman est bien celle de son enfant, même si tous les enfants peuvent venir vers elle. L'enfant d'une mère, gardienne d'autres enfants, entend dire les raisons de la présence chez lui de ces compagnons de journée — ou de nuit pour celles qui gardent toute la semaine des enfants. Il entend la raison pour laquelle ces frères et sœurs de vie ont été confiés en nourrice à sa mère. Il entend parler des parents de ses compagnons. Tout le monde peut le savoir et, pour ces enfants-là, il est aussi très agréable d'entendre parler de leur père et de leur mère qui travaillent et ne peuvent les garder. L'enfant de la nourrice apprend ainsi la différence qu'il y a entre être le propre enfant de sa mère, ou gardé seulement par une femme maternelle, qu'on appelle aussi parfois comme lui « maman ». Il apprend que c'est un métier que sa mère fait, qui lui permet de gagner de l'argent. Cet argent est payé par ceux qui sont responsables de ces enfants, leurs parents. Cet argent permet à la mère de rester à son foyer au lieu d'aller travailler toute la journée comme les parents de ses frères et sœurs nourriciers. Au cours de ces conversations à bâtons rompus est ainsi explicitée par nos paroles l'identité de chaque enfant. Cette identité, lorsqu'elle n'est pas dite à un enfant, perturbe tellement sa vision du monde que certains y réagissent avec des symptômes bizarres de repliement sur soi-même.

Et puis, il y a les enfants déjà en âge de fréquenter l'école maternelle, aux environs de trois ans, mais qui y sont refusés, les uns pour incontinence sphinctérienne, les autres pour des retards divers ou pour instabilité. Signes s'il en est d'immaturité pour leur âge. Tous n'ont pas besoin de psychothérapie individuelle ni de rééducation, mais ils ont tous besoin d'une transition entre leur vie isolée avec une mère surprotectrice, indifférente ou dépressive, et l'école, de laquelle cette mère attendait la transformation miraculeuse de son enfant, encoconé dans un comportement « bébé » prolongé. La fréquentation de la Maison verte en a sorti plus d'un de sa stagnation. Dans le même temps la mère, au contact des autres femmes et hommes de ce lieu, se mettait à apprendre à être éducatrice, et non plus seulement nourrice gavante et surprotectrice maladroite de son enfant toujours sur le qui-vive avec l'angoisse des moindres incidents et de toute initiative ludique, avec la peur qu'il fasse du mal à un autre enfant ou qu'un autre lui en fasse, toujours prête à gronder et à régner sur lui par du chantage. Grâce à sa venue dans ce lieu avec son enfant, c'est non seulement lui mais elle-même qui se réanime, reprend conscience du secours que pourrait lui apporter une psychothérapie pour elle et non pour l'enfant, comme le lui avait conseillé la directrice de l'école qui avait refusé avec raison l'entrée de celui-ci à l'école maternelle. Ce conseil qu'elle n'avait pas été capable de suivre devient caduc à son étonnement car, là, l'enfant au milieu des autres se transforme jour après jour. C'est elle-même qui, en parlant avec d'autres personnes, perçoit toute la détresse d'une vie pour elle déjà mal engagée et envisage, timidement d'abord, de faire l'effort d'une psychothérapie. Les psychanalystes présents à qui elle parle et les personnes chargées de l'accueil soutiennent ce travail préparatoire, mais c'est une règle : on leur donne toujours l'adresse d'un psychothérapeute ou d'un psychanalyste en dispensaire ou en ville; jamais nous ne nous autorisons à ce que ce soit l'un des psychanalystes à qui elle parle, là, qui la prenne en charge. D'ailleurs, la raison lui en est clairement donnée : elle ne pourrait plus venir avec son enfant dans le lieu où elle risquerait de rencontrer ce psychanalyste.

Enfin que de couples en difficulté avons-nous rencontrés, soi-disant désunis depuis la venue de l'enfant et les différends provoqués par des conflits entre leurs parents ou entre les familles à propos de cet enfant! Il y a aussi les parents divorcés : mère ou père revenu vivre chez ses propres parents et qui, du fait des beaux-parents, ceux de l'ex-conjoint, ne peuvent plus voir leur enfant ni se rencontrer. Là, en terrain neutre, ils se revoient, parlent ensemble. La situation difficile peut être expliquée à l'enfant qui souffre toujours de ces tensions, surtout quand il entend dire du mal de son père ou de sa mère par les grands-parents chez qui il vit. Quelle joie constructive pour lui de revoir ensemble papa et maman, ou pour certains de venir avec sa mère certains jours et avec son père le jour du droit de visite de celui-ci. Le fait de voir ses parents dans ce même lieu, de rencontrer avec l'un et l'autre les mêmes personnes et les mêmes enfants, est pour lui une retrouvaille de son identité.

Voilà le témoignage que je peux donner de plus d'une année de travail dans ce lieu de loisir et de détente pour les petits, en présence de leurs parents.

Quelle place pour le jeune enfant dans la cité ?

Bernard Goudet *

Place de l'enfant de moins de trois ans dans la société : considérations historiques

Images et représentations sociales donnent actuellement une place importante au petit enfant et à son environnement familial, maternel surtout. En ce domaine, les images dominantes semblent l'héritage direct d'une période où la France connaissait encore peu la grande industrie et où la vie familiale se déroulait selon des rythmes différents de ceux que nous connaissons actuellement. Aussi, le plus souvent, les mentalités sont-elles imprégnées de thèmes privilégiant une éducation protégée, assurée dans le cadre du milieu familial. Elles sont hostiles à une séparation précoce de l'enfant d'avec le foyer familial, et plus particulièrement d'avec la mère. Deux caractéristiques sont très accusées : la crainte de la collectivité et l'importance de la relation « mère-enfant ».

De fait, on estimait en 1977 que 60 p. 100 des mères restaient au foyer pour assurer la garde de leurs enfants. Un sondage de l'Institut national d'études démographiques (I.N.E.D.), effectué en 1973, évaluait à 16 p. 100 la proportion des femmes exerçant une profession et se débrouillant néanmoins pour assurer elles-

* Sociologue attaché à l'I.R.F.T.S. d'Aquitaine, Talence.

mêmes, au moins en grande partie, la garde de leurs enfants en bas âge (ce qui suppose des horaires professionnels souples ou aménageables).

Ces constats nous renvoient à deux images très classiques : celle d'une famille, lieu de garde, d'éveil, de socialisation-personnalisation de la petite enfance ; et celle de rôles parentaux et de rôles sociaux « masculin-féminin » très typés : prédominance du lien « mère-enfant » faisant que le problème sera le « travail féminin » et non le travail des adultes en âge d'être actif et leurs conditions de travail.

Or, le contexte socio-économique bat en brèche ces mentalités, empêche la réalisation de ces aspirations. L'évolution socio-économique récente, marquée par l'industrialisation croissante, l'exode rural et les fortes concentrations urbaines, a modifié les conditions et transformé le cadre de vie, aussi bien pour le travail que pour le logement et le loisir. Ces phénomènes ont des répercussions importantes sur la vie de la famille et la prise en charge de la petite enfance.

D'autre part, la restriction du groupe familial à la famille nucléaire et la réduction de son espace vital entraînent diverses conséquences : la cellule « parents-enfant » acquiert une plus grande autonomie et voit se resserrer ses liens de solidarité. Dans le même mouvement, le groupe familial, restreint, se trouve moins outillé et en posture plus fragile face aux sollicitations et difficultés issues simultanément du travail professionnel, de la vie résidentielle, des possibilités de loisir... et des exigences de la prise en charge d'enfants en bas âge. En effet, l'imposition par le système industriel et la vie urbaine de conditions de travail, de logement, de transport, etc., qui bouleversent les rythmes de vie — entravant les parents et mettant en difficulté tous ceux qui sont proches du S.M.I.G. — rejaillit sur la situation du petit enfant.

On observe ainsi une distorsion entre les rythmes biologiques de celui-ci et les contraintes sociales de sa famille, intégrée dans le secteur de la production et conditionnée par ses exigences : inadaptation des horaires de réveil de l'enfant, transports par tous les temps, trajets à effectuer en toute hâte, etc. L'enfant n'a pas sa place dans la production. La rigidité et l'inadaptation des horaires de travail du père comme de la mère, la lourdeur des conditions de travail qui enlèvent de la disponibilité à l'enfant, la nécessité économique de la présence, dans la production, des deux parents, tout cela entraîne pour la petite enfance l'exclusion de la vie économique et sociale.

Ce contexte joue lourdement dans les tendances récentes qui voient un certain rejet de l'enfant : « Plus tard, et pas plus de deux », la régression de la fonction féminine de « maternage » sans que le relais soit vraiment pris actuellement par le père, « l'abandon du nid » par la femme.

Cela n'est pas sans entraîner un certain nombre de situations paradoxales et de questions importantes. En particulier, comment dépasser la contradiction entre les images familiales de la petite enfance et la réalité d'une société qui enlève aux deux parents les moyens d'assumer les tâches de personnalisation-socialisation qui leur sont imputées? Comment se défend alors la famille? Dans ces perspectives, quel sens peut avoir l'appel à une voisine ou à une grand-mère, dont on ne partage souvent plus le système de comportement et de valeurs, mais qui pourtant font partie d'un réseau de solidarité facilement mobilisable? Que signifie le recours à un équipement collectif? à une gardienne agréée? Pourquoi « une » gardienne et pas une « famille gardienne », des « parents gardiens »? enfin pourquoi ne serait-ce pas le père qui resterait à la maison?

Comment la prise en charge de la petite enfance par la collectivité se substitue à la famille

Si le champ de socialisation familiale se restreint, d'autres champs de socialisation par la collectivité s'ouvrent : crèches, équipements sociaux, écoles maternelles... Si l'espace offert à l'enfant dans le logement familial se réduit, d'autres espaces, porteurs d'images différentes, se présentent : ceux des familles d'accueil, ceux des équipements sociaux, ceux que projettent les *mass media* — espaces collectifs, sous la mouvance du « social » mais aussi du « commercial ».

Dans la prise en charge de l'enfant, le relais est donc pris peu à peu par la collectivité : dans ses structures décisionnelles, qui établissent des politiques de la famille et de l'enfance; dans ses instances administratives, mais aussi économiques. La petite enfance est aussi un marché; dans ses agents spécialisés : personnels des crèches, des haltes-garderies, des écoles maternelles...

Ici, deux phénomènes prennent un relief particulier :

— La multiplication des spécialistes : instances et personnes qualifiées dans des domaines très délimités, reconnues socialement par des diplômes comme compétentes. Ces spécialistes substituent leur intervention à celle des membres du groupe familial, « empêchés »; ils édictent des normes et développent un savoir, parfois ésotérique! portant sur les soins, l'hygiène, l'alimentation, les activités d'éveil, la construction de la personnalité, la socialisation, l'éducation; ils frappent ainsi d'incompétence les familles qui en sont réduites à déléguer leurs pouvoirs, devoirs et droits, dans des domaines de plus en plus étendus de la vie quotidienne du petit enfant.

— La prolifération de modèles proposés au petit enfant : il y a ainsi diversité et souvent discordance dans les registres d'attitudes, et dans les systèmes de comportements et de rôles sociaux que le petit enfant est appelé à intérioriser. Les images familiales sont débordées — ce qui n'est pas toujours mal — mais il y a de grands risques d'incohérence dans tous ces éléments, et de difficulté d'assimilation et d'identification pour le petit enfant.

Il en découle un certain nombre de questions :

— Qui trouve le mieux son compte à cette montée de

la qualification? Comment les exigences sanitaires et pédagogiques, édictées à juste titre par les spécialistes, peuvent-elles être rendues accessibles aux parents appartenant à d'autres couches sociales que les médecins, puéricultrices, éducateurs et autres enseignants?

— Ne se dirige-t-on pas vers un système qui aboutirait à *une prise en charge quasi totale de la petite enfance par des instances émanant de la collectivité et substituant, au groupe familial, des collectivités de jeunes enfants, animées par des spécialistes?* On a vu se réaliser un tel système de prise en charge par classes d'âge et de désappropriation familiale dans la première génération des *kibboutzim.* A la limite, les progrès de la biologie et de la génétique aidant, ne risque-t-on pas d'aboutir à une dissociation complète entre, d'une part, une vie de couple qui se satisferait d'une sexualité relationnelle et ludique; et, d'autre part, les tâches sociales de reproduction, d'éducation et de socialisation qui seront assurées par la collectivité?

— Face à cette évolution possible n'y a-t-il pas une alternative qui permettrait aux groupes de familles et aux groupes de techniciens d'articuler *ensemble* leurs interventions pour une socialisation-personnalisation des enfants plus satisfaisante? Les problèmes des modes de garde illustrent bien l'enjeu soulevé par de telles questions.

L'adoption d'un mode de garde : choix ou loterie?

Peut-on parler de choix lorsque les mises et les chances diffèrent selon la place occupée dans la société? Ne s'agit-il pas plutôt d'une loterie, où il y aurait trop souvent « ballottage » de l'enfant passant d'un mode de garde à l'autre? Nous avons vu qu'on estime à 60 p. 100 la proportion des mères restant à la maison pour garder leur (s) enfants (s) en bas âge, et à 40 p. 100 la part de celles qui exercent un travail rémunéré et font garder leurs enfants.

Si nous examinons maintenant la répartition des familles entre les divers modes de garde, nous constatons les points suivants :

— Le recours à la famille, plus ou moins élargie, reste une solution très fréquente. Ce serait même la plus souvent utilisée si l'on en croit les sondages du C.R.E.D.O.C. en 1971 et de l'I.N.E.D. en 1973.

— Les gardes individuelles au domicile de familles gardiennes — qu'il s'agisse de nourrices, gardiennes agréées ou non, crèches à domicile (données comme les plus fréquentes par d'autres sources) — semblent une solution massivement répandue.

— L'école maternelle joue un rôle de substitut de garde, peu onéreux, pour deux cent mille enfants de deux à trois ans.

— Enfin, le sous-équipement en crèches collectives est d'autant plus criant que ce mode de garde est particulièrement valorisé dans les discours sociaux et politiques, pour des raisons de protection sanitaire, de pédagogie et de vie sociale. Il y aurait entre quarante-deux mille et quarante-sept mille places disponibles, selon les diverses statistiques, soit une place pour vingt-trois enfants dont les deux parents travaillent.

Pour rendre compte de cette répartition, mettons-la en rapport avec les niveaux de revenu, les appartenances de classe et les attitudes des femmes vis-à-vis du travail féminin. Nous constatons alors que les familles dont les conditions sont les plus modestes sont aussi celles où les femmes sont les moins satisfaites d'un travail professionnel peu qualifié, pénible, peu rémunéré, imposé par la nécessité économique. Quand elles le peuvent, ces familles recourent le plus souvent à un membre de la famille élargie — grand-mère maternelle plus que grand-mère paternelle — chez lequel elles vont porter l'enfant — ou encore à une voisine. Ce mode de garde est souvent le moins coûteux, fondé sur un réseau restreint de solidarité. Enfin, au troisième enfant, la mère rentre au foyer pour assurer elle-même la garde, solution alors la moins coûteuse à la fois économiquement et psychologiquement.

A l'opposé de l'échelle des revenus, dans les familles les plus aisées (cadres supérieurs, professions libérales), les femmes qui travaillent le font par goût et sont satisfaites d'une activité choisie et bien rémunérée. Ces familles recourent le plus souvent à une garde à la maison par une personne salariée. Cette solution, permettant de maintenir l'enfant dans le lieu familial et d'éviter transports et changements, est de loin la plus coûteuse.

Entre les deux extrêmes, on a recours soit aux gardiennes (agréées ou non) chez qui l'on amène l'enfant — formule très répandue dans toutes les autres catégories sociales, relativement peu coûteuse, mais dont le poids financier repose surtout sur la famille — soit à la crèche collective, formule la moins coûteuse, mais surtout adoptée dans les classes moyennes et en milieu urbain (les familles de cadres supérieurs et de manœuvres y ont très rarement recours).

En résumé, l'adoption d'un mode de garde dépend surtout des coûts et des équipements disponibles. Plutôt que de choix, il vaudrait mieux parler d'une loterie laissée aux hasards du voisinage, ou des moyens et des initiatives d'une municipalité. L'instabilité des modes de garde entraîne un ballottement important de très jeunes enfants entre diverses solutions, par exemple trois à quatre changements de garde pour le même enfant, dans 50 p. 100 des cas en région parisienne.

Aussi, comment ne pas conclure par ces questions fondamentales :

— Parmi les femmes qui restent à la maison, combien ont pu effectivement choisir de garder elles-mêmes leur enfant? Combien y sont-elles acculées par manque de qualification professionnelle et absence de possibilités de travail intéressant?

— Parmi les femmes qui font garder leur enfant, combien n'ont adopté le travail salarié que pour avoir un second salaire, indispensable dans une famille à faibles revenus où il n'y a qu'un enfant?

— Comment aider les parents à assumer les options que seul leur niveau de ressources et les possibilités locales leur imposent?

— Avec quelles familles sont prêts à dialoguer les personnels des équipements collectifs? Comment en ouvrir le champ à d'autres familles?

— Comment, dans le cas des gardes individuelles, prendre en compte des milieux familiaux dont la culture, les images sociales, les rôles sociaux, etc. peuvent être très différents?

— Comment grand-mère ou voisine peut-elle s'accorder avec les principes d'éducation des parents?

— Comment faire passer l'éveil de l'enfant et sa socialisation avant les tâches ménagères quand c'est la même personne qui en a la double responsabilité?

— Comment prévenir le ballottage d'un mode de garde à un autre?

— Quelle politique, enfin, permettrait de véritables choix?

Familles en souffrance : la prévention introuvable

René CLÉMENT
et Marguerite BROWN DE CALSTOUN *

Les problèmes de prévention, dans le cadre des politiques d'Aide sociale à l'enfance et à la famille, se posent en général en terme de prévention des « inadaptations sociales », terme vague et général, qui peut s'appliquer à la délinquance aussi bien qu'à la toxicomanie, à la maladie mentale aussi bien qu'à l'échec scolaire.

C'est ainsi que se sont mis au point des systèmes très complets de prévention spécialisée, qui, pour une population donnée et repérée comme étant « à risques » dans le cadre d'équipements sociaux ou culturels, œuvrent à promouvoir des actions destinées à *prévenir* précocement les mécanismes d'inadaptation. On en a un exemple par la façon dont la P.M.I. avec la mise au point du système informatique G.A.M.I.N. sélectionne au moyen de critères statistiques une population de familles définies « à risques », vers laquelle des efforts d'action sociale devraient être menés de façon privilégiée.

Mais être parent pour un adulte, ou devenir grand pour un enfant, est-ce seulement affaire d'adaptation ou d'inadaptation? Le problème est beaucoup plus général que ce que laissent à penser les découpages traditionnels. Les familles étiquetées comme étant « à risques », ou « suivies » par telle ou telle équipe d'action sanitaire ou sociale, n'ont pas, par exemple, le monopole des

* Responsable de formation à l'I.F.R.T.S. d'Aquitaine, Talence.

difficultés d'acquisition scolaire de leurs enfants. Nombre de familles considérées comme parfaitement « normales » viennent régulièrement consulter en hygiène mentale infantile pour des troubles du langage, des retards scolaires ou des comportements caractériels de leurs enfants qui ne sont pas directement référables à des handicaps sociaux quantifiables, eux, par l'ordinateur [1]. Il s'agit donc, avant tout, de ne pas réduire les problèmes de prévention à une affaire qui concernerait seulement la population des « cas sociaux » sous prétexte que les problèmes sociaux et économiques rendent encore plus difficiles pour une famille d'élever ses enfants.

Faire de la prévention, c'est fondamentalement prendre en compte les difficultés inhérentes, pour quelque famille que ce soit, à tout rapport d'élevage, d'éducation et de relation adulte-enfant. L'extrême fragilité et l'extrême complexité des mécanismes du développement physique, psychique et intellectuel font qu'un enfant a un véritable « travail de grandissement » à accomplir pour s'assumer dans son âge, son sexe, son histoire familiale, sa place au milieu de ses frères et sœurs, etc. Faute d'adultes capables de lui apporter la sécurité et l'accompagnement affectif nécessaires au dépassement de ses difficultés, l'enfant, à chaque étape de ce travail, court le risque de traumatismes handicapants ou inhibiteurs.

Parallèlement, devenir père ou mère et exercer pleinement son rôle de parent constitue aussi pour tout adulte un travail complexe. L'idéologie des « instincts parentaux » qui considère que tout homme ou femme a en lui un savoir et une capacité innés à devenir des pères ou mères aimants et compétents est en recul, mais les effets de cette idéologie s'exercent encore pour culpabiliser les pères et surtout les mères qui se demandent parfois de façon angoissée si elles l'ont, ce fameux « instinct » ou

1. A. MASSON, *Mainmise sur l'enfance*, Payot, Paris, 1980.

pas, sous prétexte qu'elles rencontrent des difficultés à accepter leur enfant tel qu'il est, ou connaissent des problèmes dans son élevage ou son éducation [1].

Qu'on ne naisse pas parent, mais qu'on le devienne, qu'on soit un parent différent selon qu'on élève son premier ou son cinquième enfant, selon que « cet » enfant soit garçon ou fille, désiré ou pas, tout cela constitue des vérités encore neuves dont on n'a pas encore tiré toutes les conséquences sur ce que pourrait être en général une prévention active et fondamentale, renouvelant les approches traditionnelles d'un travail social qui aurait à s'occuper exclusivement et de façon prédéterminée des familles dites « inadaptées ».

Vers une aide globale des enfants et familles en souffrance

Comment aider efficacement familles et enfants en difficulté? Comment trouver des formes d'action sociale suffisamment souples et diversifiées, qui préviennent l'instauration et l'installation des handicaps et évitent le recours extrême d'une séparation parents-enfants? La voie est étroite entre un dépistage qui prend quelquefois des allures de « contrôle des populations » du type « police des familles » [2] et des interventions souvent trop tardives qui ne parviennent pas à protéger l'enfant des mauvais traitements physiques ou psychiques, comme l'illustre parfois dramatiquement le cas-limite des enfants battus [3].

C'est récemment que l'aide apportée aux enfants en souffrance s'est élargie aux parents en difficulté. Les orientations officielles du ministère de la Santé soulignent d'ailleurs combien le rôle traditionnel de l'A.S.E. a évolué; chargée historiquement de prendre en charge

1. E. Badinter, *L'Amour en plus*, Éd. du Seuil, Paris, 1981.
2. J. Donzelot, *La Police des familles*, Éd. de Minuit, Paris.
3. P. Straus & D. Girodet, « Naître... et ensuite? » *Les Cahiers du Nouveau-Né*, Éd. Stock, n° 1-2, 1979.

des enfants privés de famille (enfants abandonnés ou orphelins), elle s'occupe désormais d'enfants qui, pour 95 p. 100, ont toujours des parents. Alors que naguère encore la politique de certains départements consistait à protéger l'enfant d'un milieu familial pathogène — ou supposé tel — par une séparation et un placement lointain, les politiques d'action sociale dite globale consistent maintenant à aider directement la famille elle-même. Le versement d'allocations mensuelles ou de secours d'urgence peuvent l'aider à surmonter des difficultés matérielles passagères, tandis que sur le plan éducatif elle peut bénéficier de l'aide apportée par un travailleur social dans le cadre d'une action éducative en milieu ouvert (A.E.M.O.).

Mais les moyens sont-ils suffisants lorsque les familles se trouvent « poly-inadaptées » ou souffrent de handicaps multiples, se répétant de génération en génération?

La norme et la différence

Le problème du type d'aide à proposer ou de la mesure (quelquefois judiciaire) à prendre se pose, surtout lorsqu'on sait dans quelle détresse humaine, matérielle et morale vivent certaines familles qui ne sont guère en mesure, du fait même des difficultés qu'elles connaissent, d'appeler à l'aide et d'exprimer une demande. La question se pose alors d'apprécier les besoins et les souffrances que vit l'enfant pour pallier les traumatismes vécus par lui et évaluer les seuils de tolérance qu'il peut supporter, sans dommage pour son évolution et son avenir.

Quels critères adopter, qui évitent les dangers de ségrégation ou les risques de normalisation de ces familles qui ne se trouvent pas être dans la morne dominante, normale et/ou statistique? Comment interpréter sans leur faire violence des comportements parentaux différents, qui n'entrent pas dans nos schémas idéaux de « bons parents », et plus particulièrement lorsque nous avons à connaître des situations de familles appartenant à d'autres ethnies, ou venant de milieux marginaux? Comment aider des enfants supposés en souffrance, voire en danger, lorsque nous avons affaire à des réalités familiales ou sociologiques qui ne fonctionnent pas à partir des mêmes valeurs éducatives, parentales, psychologiques que les nôtres?

Toute pratique sociale, qu'on en ait pris conscience ou non, fonctionne nécessairement en faisant référence à des normes et à des valeurs, surtout lorsque le « clientèle » potentielle, est, par définition, hors d'état de répondre à ses propres besoins et ne peut verbaliser et analyser ses difficultés. C'est bien là qu'une dimension de travail réalisé en équipe pluridisciplinaire pourrait venir apporter les garanties indispensables qui éviteraient tout « passage à l'acte » intempestif, ou toute mesure discriminatoire non remise en question.

Ni trop tôt, ni trop tard...

L'angoisse des travailleurs sociaux, comme celle des familles d'accueil, est en effet importante, car jusqu'où peut-on attendre, avant d'intervenir, pour éviter qu'une situation familiale n'atteigne un seuil critique ou que les relations entre l'enfant et sa famille naturelle ne deviennent néfastes et perturbantes pour lui? Comment déceler les signes de souffrance surtout chez l'enfant jeune qui n'a pas encore accès au langage? A partir de quels symptômes peut-on mettre en place une aide spécialisée, voire envisager une séparation devenue indispensable? Quels retards du développement psychomoteur et staturo-pondéral, quels troubles du sommeil ou de la nutrition peuvent et doivent servir d'alerte?

Il est bien difficile de concilier, dans le cas d'une « action éducative en milieu ouvert » par exemple, les différents « temps » en présence : temps de l'enfant, temps des parents, temps nécessaires à l'action du travailleur social, sans que des dégâts traumatiques trop importants viennent handicaper l'enfant à court, moyen ou long terme.

L'angoisse des travailleurs sociaux est à la mesure des responsabilités qui leur incombent tant sur le plan de leur intervention directe dans la réalité de vie des familles que sur le plan de l'importance du mandat social, administratif ou judiciaire dont ils sont investis.

Au-delà du dépistage : l'innovation nécessaire

Mettre en place une politique de prévention suppose que de façon non marginalisante soient créés des équipements sociaux souples et diversifiés, permettant l'écoute et l'accueil dans tous les lieux de vie qui jalonnent l'histoire de l'enfant. Consultations prénatales, maternités, lieux de garde, consultation de P.M.I. — hôpitaux, écoles, devraient pouvoir devenir des lieux de parole pour l'enfant et sa famille. Comment, en effet, parler de prévention alors que certaines maternités et hôpitaux interdisent encore la visite des parents ou des frères et sœurs, et que certaines crèches ou écoles considèrent toujours les parents comme des intrus dérangeants?

Le souci d'un dépistage « scientifique » des familles dites « à risque », tel que le pratique le système de P.M.I. avec les moyens informatiques du projet G.A.M.I.N. n'est pas suffisant. Il ne saurait tenir lieu d'une politique globale de prévention, ne serait-ce que parce qu'un enfant n'est pas forcément « en danger » du simple fait que sa mère soit célibataire ou son père alcoolique. On ne saurait poser *a priori* et dans l'abstrait des séries de causes déclenchantes aux processus d'inadaptation. Enfin, la qualité de l'attachement affectif des parents n'est guère mesurable à partir des seuls critères préétablis d'une normalité sociale.

Donner aux équipes existantes des moyens de fonctionner en nombre suffisant, diversifier les approches trop exclusivement sociales — comme dans le cas du travail de polyvalence de secteur — ou trop strictement médicales — comme dans le fonctionnement de certains services de P.M.I. —, tel pourrait être l'objectif qualitatif d'une politique de prévention radicale.

De la même façon, les expériences neuves de lieux de vie alternatifs (communautés thérapeutiques, centres d'accueil précoce du tout-petit, expériences du type « Boutique verte ») permettent de promouvoir une dimension de recherche, indispensable à l'amélioration d'une action sociale en faveur de familles dont on est encore loin de comprendre, dans toute sa complexité, la « pathologie », et surtout de connaître les moyens d'y porter remède.

A propos de séparations...

Françoise Dolto

La table ronde qui s'est tenue autour de Françoise Dolto à la fin du congrès de Bordeaux avait pour but de faire le point, avec elle, sur les réflexions exprimées en carrefours de travail sur les quatre thèmes suivants : « L'Enfant dans sa famille », « Le Placement familial », « Les Établissements de l'A.S.E. », « L'Abandon-L'Adoption ». En raison de l'importance des questions soulevées et de la richesse des commentaires qu'elles ont suscitées, nous publions ici in extenso *les réponses de Françoise Dolto, auxquelles nous avons gardé le style parlé et animé qui les a caractérisées.*

Introduction

LE MYTHE DE LA PAROLE MAGIQUE

René CLÉMENT : *Un thème est souvent revenu au cours des travaux en carrefour : le mythe de la parole magique, cette parole qui risquerait de* venir à la place *des actes à poser ou des choses à faire dans la réalité. Il me paraît important que ce point soit d'emblée éclairci, et je souhaiterais, madame Dolto, que vous commenciez par lever cette hypothèque pour éviter toute ambiguïté.*

Françoise DOLTO : Bien sûr, il n'est pas question d'une parole qui viendrait toute seule, d'une part sans compassion, d'autre part sans désir profond de la personne de lui parler, à cet enfant, de lui dire ce qu'il est en train de vivre. Et ça n'est pas du tout pour ne pas agir avec lui, mais il s'agit de le faire en lui expliquant ce que nous faisons et pourquoi nous le faisons.

C'est cela « parler ». Ce n'est pas un discours qui viendrait de n'importe où, comme ça, sur un enfant. Il faut déjà avoir pris contact avec lui. Lui avoir donné, pendant que vous vous en occupez, son statut de personne humaine individuée dans son corps et avec son histoire; celle que vous connaissez; celle que vous ne connaissez pas. Au moins, connaissez-vous déjà son prénom!

Vous vous rappelez le film canadien que nous avons vu hier : un enfant dit « bobo » et personne ne lui répond. Il a l'air, cet enfant, de vivre ce que certains adultes vivent dans une salle de torture, et personne pour lui dire : « Mais oui, tu as mal, tu as mal au ventre, c'est pour cela qu'on cherche, Marie ou Mathieu... Tu as mal, petit Mathieu, c'est vrai, et moi j'essaie avec les docteurs de te soigner. » Il s'agit de parler de ce que l'on fait, comme si vous étiez l'enfant; lui dire ce que vous aimeriez entendre.

C'est cela que j'appelle parler à la personne de l'enfant. En ayant de la compassion pour lui, tout en faisant ce que la technique vous oblige à faire ou ce que l'on peut faire de mieux étant donné la situation. Lui dire toujours qui vous êtes et qui vous a donné pouvoir pour faire ce que vous faites : « Je suis ton infirmière, je suis ton assistante sociale, celle qui va aider à ce que tu puisses être dans un endroit pour pouvoir manger, dormir, être aidé, puisque ta maman est à l'hôpital, puisque ton papa travaille du matin au soir et qu'il ne peut rentrer à la maison. » Enfin tout ce qui est sa situation et que vous connaissez. Ce n'est pas de la parole magique, ça. C'est de la parole médiatrice de votre relation à l'enfant, de la relation de cet enfant à son monde de sécurité dont vous lui reparlez, son père, sa mère, en lui expliquant quel est votre rôle à son contact. C'est cela que j'appelle la parole.

L'ENFANT DANS SA FAMILLE

Marguerite BROWN DE CALSTOUN : *A propos de l'enfant dans sa famille, il me semble qu'on peut regrouper les discussions autour de deux grands axes : d'un côté, l'enfant, ses souffrances, ses difficultés; de l'autre, notre action à nous, travailleurs sociaux, qui aurait pour axe : prévention, réparation, innovation. L'enfant d'abord : ten-*

ter de le situer dans sa réalité familiale globale, c'est faire référence à un groupe social ethnique. Mais il y a d'autres modèles familiaux, d'autres cultures que celle à laquelle nous faisons sans cesse référence et qui privilégie le couple parental à l'occidentale. Comment aider des enfants qui appartiennent à d'autres modèles familiaux que celui qui est dominant chez nous; des enfants qui sont en train de vivre le passage d'un modèle familial à un autre et se trouvent « coincés » entre deux cultures? D'autres questionnements ont porté sur l'évolution des rôles « féminins-masculins », ou des rôles « père-mère ». Les pères ne sont-ils pas en train de devenir « maternants »? N'y a-t-il pas là danger devant cette possible confusion d'identité pour l'enfant, du fait de ce nivellement des rôles? Par ailleurs, quelle est, madame Dolto, votre position sur la question du salaire qui pourrait être versé à une mère restant au foyer pour s'occuper de son enfant? Dans l'un des groupes, on a eu l'impression que vous y étiez opposée, alors que certains pensaient que cette mesure amènerait une valorisation du rôle de la mère.

L'interrogation de Bernard Goudet à propos du film Les Moments du choix *a été souvent reprise : y a-t-il vraiment actuellement possibilité de choix pour décider du mode de garde d'un enfant en bas âge? Les mères ne se retrouvent-elles pas « piégées » et culpabilisées devant ce dilemme : mener leur vie de femme et travailler ou rester à la maison garder leur enfant avec toutes les rationalisations qui s'ensuivent autour des compétences que d'autres qu'elles détiendraient, comme le personnel des crèches par exemple.*

A propos des parents en difficulté et des enfants en danger dans leur milieu familial, un inventaire assez complet a été fait de tout ce que l'on pouvait relever comme signes de souffrance chez l'enfant. Des médecins de P.M.I. en particulier ont souligné combien, souvent, on arrivait trop tard et que, dans certain cas, on ne pouvait plus parler de signes de souffrance mais d' « enfants cassés ». Un débat s'est instauré entre deux types d'attitudes. L'une relevant des consignes officielles actuelles, insistant sur les nécessités d'un dépistage avec les problèmes de fichage, d'informatique; l'autre insistant sur les dangers de cette politique. Se référant à l'expérience de la Boutique verte, les partisans de cette seconde position ont revendiqué l'importance d'un désir d'innovation. Au lieu de rechercher ce qui ne va pas, de traquer les « familles à risques » comme de mauvais objets, ne vaut-il pas mieux chercher ce qui reste solide, ce qui tient?

Ne peut-on considérer la solitude comme l'une des souffrances principales de ces familles? Cela conduirait à promouvoir des actions qui consisteraient à chercher des lieux de vie autres et des prises en charge collectives. Des exemples ont été cités où devant le risque de placement en foyer de l'enfance pour loyer non payé, c'est la solidarité vivante du quartier qui avait trouvé une solution différente, évitant ainsi la séparation parents-enfants.

Comment introduire les pères dans les lieux où se font les actions prénatales, comme les maternités? Quelle souffrance entraîne certaines mères à nier la place du père de leur enfant? De quels besoins témoignent-elles ainsi, et quelles conséquences cela a-t-il pour l'enfant?

On a aussi beaucoup parlé des « pouvoirs » : pouvoirs des travailleurs sociaux que leur confère leur compétence; viendrait-elle s'opposer à celle des parents? Comment introduire certaines conceptions éducatives sans que cela soit vécu comme une intrusion, source de violence? Comment aider les parents à élaborer les problèmes? Pouvoir aussi des psychanalystes présents dans les équipes... Savent-ils qu'il se crée autour d'eux et à leur contact un sentiment d'« incompétence » qui nourrit une dépendance à leur égard et à celui du savoir psychanalytique?

F. Dolto : Répondre en un quart d'heure est écrasant. Je ne sais pas du tout comment répondre à toutes ces questions. Je mets en avant mon propre problème d'incompétence : ce n'est pas une excuse, mais c'est très difficile...

La première question que j'ai retenue : les enfants de

couples d'autres ethnies. D'abord, il faut déclarer à ces enfants quand vous les voyez, qu'ils sont nés de père et de mère « de naissance ». Je crois qu'un enfant ne comprend pas du tout le mot « naturel », « père ou mère naturels ». Par contre, il comprend bien « de naissance ». D'ailleurs, ce sont des enfants qui m'ont enseigné ce mot. « Père de naissance », celui qui a donné le germe de vie ou la graine de vie à ta « mère de naissance » dans son ventre, jusqu'à ce que tu deviennes capable de sortir du corps de ta mère, pour vivre avec ton corps à toi en respirant. C'est comme cela qu'un enfant comprend la « mère de naissance ».

De même, les enfants de mères célibataires comprennent bien le « père de naissance » : quand tu demandes à ta maman, elle ne peut rien t'expliquer, mais tout le monde te dira que personne n'est né s'il n'a pas eu un « père de naissance ». « Toi, tu n'as pas de papa, mais tu as eu un père de naissance. Tous les hommes que tu vois, tu voudrais les avoir comme papa, c'est parce que tu as un père de naissance dans ton cœur, tu cherches un monsieur qui pourrait être ton papa, mais un papa, c'est celui qui vit avec ta mère. Tu as ta mère de naissance, mais tu peux avoir aussi ta mère nourrice; même si tu l'appelles " maman ", c'est ta " maman nourrice ". » Un enfant a trente-six mamans; il n'a qu'une mère de naissance. Il a une maman nourrice, il a un papa nourricier, qui peut être le compagnon de cette femme et qui est un père pour l'enfant d'un mode complémentaire à celui de la femme, sa mère, ou toute autre qui organise la vie au foyer dans lequel il est.

C'est ainsi que vous pouvez parler à un enfant — lui dire qu'il est venu d'Algérie, de Turquie ou d'ailleurs. « Et ta mère, elle vivait en France; c'était difficile; elle avait sa famille, ses parents dans un autre pays », ou bien : « Tous les deux sont venus d'un autre pays; tu entends bien à la maison qu'ils parlent comme ils parlaient dans ce pays où ils ne sont plus. Mais bientôt, toi aussi, tu pourras parler le langage qu'ils parlent, et aussi celui de tous les petits camarades que tu auras à la crèche, au jardin public et à l'école. » Vous leur permettez ainsi, par vos paroles, de s'inscrire dans un moyen de communication autre, qui n'empêche pas le premier. Ils pourront plus tard aussi aller dans le pays dont leurs parents étaient originaires.

Il est certain que si vous pouvez, dans tous les services sociaux, avoir une équipe, une famille de l'ethnie de l'enfant dont vous vous occupez, qui pourrait s'associer à vous ne serait-ce que comme aide ponctuelle soit comme famille d'accueil pour enfant, soit pour aider une mère abandonnée à comprendre un peu sa situation, ce serait beaucoup mieux.

Je ne sais comment on pourrait faire. Il est évident que dans les lieux de vie ou de loisirs comme ceux que vous avez vus sur le film que l'on appelle « La Maison ouverte » ou « La Maison verte », les choses se font toutes seules. Les mères se rencontrent, parlent de leurs origines, de leur jeunesse. Parfois, ce sont des mères françaises qui ont véçu longtemps dans un autre pays, qui disent comment elles ressentent la façon d'être maternelle ou d'être conjugalement réunies à leur mari.

La deuxième question qui retient mon attention est celle du rôle de la mère, du rôle du père. Quand j'étais à France-Inter, j'ai reçu des lettres de pères qui s'inquiétaient et je dois dire que cela m'a inquiétée aussi. Ces lettres sont arrivées coup sur coup alors que je n'avais pas encore du tout répondu à la lettre précédente qui disait que le père était resté au foyer, étant au chômage, alors que la mère avait gardé son travail; il jouait le rôle du père nourricier et la mère, le rôle de provende bancaire à la maison. Ses enfants disaient « maman » à leur père et « papa » à leur mère. Et il était impossible de leur en faire démordre.

Alors, j'ai répondu : « Demandez à votre enfant qui est le monsieur et qui est la dame. » « Le monsieur est maman et la dame est papa », ont-ils répondu. En effet, « maman » et « papa », cela ne recouvre pas « père » et « mère ». Maman, c'est le continu; papa, c'est le discontinu, dans le temps et dans l'espace. Le continu est l'intérieur. C'est le péristatique continu de l'enfant. La rupture, comme interruption de présence, fait à chaque fois au départ un petit choc; de même au retour de l'absence, quand il y a séparation, c'est une façon de distinguer celui qui s'en va et qui revient, de celui qui est continu, qu'on intègre à l'intérieur. C'est l'automaternat qui se fait grâce au monsieur qui est « maman » dans ce cas de gardiennage par le père et l'autopaternat qui se fait grâce à la femme qui est « papa ». Tout cela n'avait pas d'importance pour l'avenir, puisqu'en fait il s'agissait de rôles différents.

La complémentation des rôles à propos du nourrissage était intégrée, comme la complémentation pour l'engendrement. Si le nourrissage se fait au lait maternel, ça ne peut bien sûr pas être le père qui le donne; mais puisque la comparaison est possible, on peut très bien dire à l'enfant : « Si ta maman avait pu rester à la maison, si on avait eu assez d'argent, c'est elle qui t'aurait nourri, elle t'aurait nourri au sein. » Très tôt l'enfant parle de la poitrine de maman. La poitrine n'est pas le lait. La poitrine, le sein, est à la mère; le lait, lui, appartient à l'enfant. La preuve en est qu'il n'y a pas, biologiquement, deux lactations semblables, et une même mère a un lait différent suivant les enfants. Vous ne savez peut-être pas que c'est la raison pour laquelle on mélange le lait de vache, le lait des vaches qui ont mis bas veaux et génisses : c'est Rémy Chauvin, le biologiste, qui nous en a parlé. Il nous a parlé de beaucoup de choses sur l'affectivité des animaux. Il nous a expliqué entre autres que la qualité des animaux ne venait pas de la qualité du sperme donneur : toutes les vaches étudiées avaient été fécondées artificiellement; la qualité de la viande, le tonus de développement du petit veau, vient de la qualité des relations... du vacher avec ses vaches! (*rires*).

Autre chose pour le lait : une génisse qui est nourrie par le lait d'une vache ayant mis bas un veau n'aura jamais les qualités laitières de sa race. Elle est neutralisée quant au développement de sa femellité gestante et allaitante. C'est pourquoi *le lait qu'un enfant donne à monter dans les seins de sa mère,* c'est ce lait-là qui opère ce qui est nécessaire alimentairement et hormonalement à sa croissance et à son développement sexué, masculin ou féminin.

A partir du biberon, les deux rôles différenciés peuvent s'intervertir, mais il ne faut pas s'étonner dans ce cas que l'enfant dans son langage appelle l'homme « maman » et la femme « papa ». Quand il pourra dire « père et mère », il ne mélangera plus. En tout cas, cela ne gêne absolument pas son identification sexuée en cours d'élaboration symbolique constante, car, en fait, l'acte de donner le biberon est tout aussi bien un acte émissif. Une femme qui allaite a un rôle actif et émissif. Dans la mesure où elle reçoit les excrétions de l'enfant, elle est réceptrice; de même pour le père.

Homme ou femme, nous sommes, dans ce qui de notre attitude sexuelle est sublimé, capables de jouer les deux rôles. Quand nous écoutons, nous sommes donc « passifs », relativement à la terminologie psychanalytique. Quand nous émettons des paroles, nous sommes actifs, donc « masculins ». Quant à la description que Freud a donnée de la sexualité, la libido n'a pas de sexe; elle est toujours émettrice. Nous disons qu'elle est « phallique », ce qui veut dire émetteur actif par rapport à son objet de désir. Lorsqu'on considère le courant électrique, le pôle nord et le pôle sud émettent tous les deux. Il n'empêche que si les deux pôles étaient deux pôles de même signe, nord ou sud, ils se repousseraient, alors que pôle nord et pôle sud s'attirent, s'associent mutuellement. C'est un peu ce qui se passe quand nous parlons de cette libido toujours émettrice, comme est émetteur un courant négatif ou un courant positif d'électricité. Il n'y a pas dans le libido d'absence de dynamisme. Il n'y a pas de « fer-doux ». Quand un être humain apparaît être « fer-doux », c'est-à-dire qu'il n'émet « rien » comme désir, ni ne répond par son désir actif au gré de l'attraction d'un autre à son égard, c'est qu'il n'éprouve aucun désir pour l'autre, ou cela peut être aussi que cette personne refoule cette libido. Elle refoule le désir de recevoir des sons ou de les émettre, de recevoir des ondes, ou d'y répondre. Communiquer ne l'intéresse pas, ou lui est interdit. Elle refoule le désir. A propos de la communication par le regard, vous savez que nos yeux sont réceptifs et parfois émetteurs de feu, et même incendiaires! L'enfant sent très bien des yeux qui le rejettent ou qui le regardent en le caressant. Nous sommes entièrement des êtres à la fois émetteurs et récepteurs.

En ce qui concerne la procréation, à partir de la maturité génitale, on peut dire que, du fait de la physiologie masculine et de la physiologie féminine dans les relations de corps à corps, l'appareil sexuel génital féminin est récepteur, cellules génitrices inclues, l'appareil génital masculin étant émetteur. Les spermatozoïdes sont expulsés et, dans les voies génitales féminines, remontent vers l'ovule. C'est l'ovule qui atttire les spermatozoïdes. Il en faut beaucoup mais un seul passe à l'intérieur de la membrane de l'ovule et suffit à le féconder. Il faut un seul ovule passif et beaucoup de spermatozoïdes actifs pour que la rencontre procréatrice se fasse.

S'il y a dans les rôles de la société possibilité d'interchangeabilité entre paternage et maternage, il n'y a jamais possibilité d'interchangeabilité quand il s'agira de la gestation. Mais en ce qui concerne toutes les autres complémentarités efficaces, qui sont des sublimations de la sexualité (orale, anale, utérale, vaginale, génitale, selon la terminologie des stades de la libido où la prévalence de ces pulsions est dominante), ces complémentarités vont faire l'entraide humaine dans la communication, le travail, la culture, la création; l'homme et la femme jouent les deux rôles. Il n'y a que dans la procréation charnelle que la femme est réceptrice et l'homme seul, activement émetteur, à distance de son corps propre. On peut dire que la femme désirante est incontestablement la liaison, dans ses voies génitales, des pulsions libidinales centripètes, et l'homme des pulsions centrifuges. Hommes et femmes sont tous deux aussi intéressés de façon phallique symbolique dans leur affectivité tutélaire active, par rapport à l'enfant.

Il faut bien comprendre cela. Le vocabulaire induit des images fausses. Les mots sont toujours ambigus. Il faut que nous comprenions de quoi nous parlons.

Quant *au travail et au salaire que représente l'élevage au foyer,* c'est le travail pour lequel la femme, avec raison, demande salaire. Mais, qu'elle soit payée ou non, elle fournit un énorme travail que la société ne reconnaît pas. Il y a là quelque chose auquel il faut que nous pensions. Nous avons vu qu'une femme sur vingt disait : « Si je recevais mille francs, peut-être mille cinq cents francs... » Actuellement l'État parle de donner un million, pourquoi pas, alors que naît un futur citoyen et qu'il veut encourager les couples... Un enfant, ça s'achète, et, quand une mère dit qu'on achète les bébés, elle a bien raison parce qu'un bébé dès sa naissance coûte, il coûte cher et chair! Si on ne l'achète pas cher, on le paie avec sa chair. En français, les deux mots se recouvrent et il est vrai qu'un enfant coûte : il coûte travail, liberté, effort, fatigue; un enfant, on l'achète au jour le jour.

L'État ne peut pas tout faire, mais au moins qu'il aide les parents, et peut-être les institutions privées à penser autrement le problème. On fait bien des prêts au logement, pourquoi ne pas faire des prêts remboursables en trente ans pour les trois premières années de l'éducation de chaque enfant au foyer, qu'il soit gardé par son père ou sa mère? Il faut bien trois ans pour qu'un enfant se construise en sécurité vis-à-vis de lui-même et des autres en société. Cela se fait grâce à l'assistance des parents. Assuré dans sa première structure, il peut alors s'intégrer à la vie d'abord familiale, puis dans la société des enfants de son âge.

A trois ans un enfant, ainsi élevé en confiance, a l'autonomie, est capable d'agir pour lui-même comme sa mère l'a fait pour lui. C'est un enfant qui sait s'automaterner. Se conduire vis-à-vis de sa classe d'âge, c'est s'autopaterner. Bref, un enfant de trois ans élevé en confiance au foyer est socialisé comme il voit l'être son père et sa mère. Cet état de maturation affective peut s'acquérir à partir de vingt-deux mois quand l'enfant, d'une manière quotidienne, est éduqué à prendre des initiatives, celles dont son développement neurophysiologique au jour le jour le rend capable.

Un enfant naît à la connaissance de sa valeur au fur et à mesure qu'il est capable d'investir l'espace de liberté que sa mère lui délivre, et qu'il assume d'encourir de petits risques, accompagné par les paroles explicatrices de la mère qui ne cherche pas à l'entraver; c'est une vigilance assortie de paroles qui permet à l'enfant de faire ainsi l'expérience de son autonomie, en lui permettant quotidiennement d'exprimer le désir qu'il a de maîtriser l'espace et les objets qui sont autour de lui. A partir de trois ans, un enfant est parvenu à l'âge d'aller à la maternelle, il peut se débrouiller au milieu des autres parce que tout, en lui, le réfère à la sécurité d'être et de faire, qui représente l'acquis de son quant-à-soi encouragé par mère et père.

Mais, pour y parvenir, il ne suffit pas d'aider pécuniairement les parents à ce maternage à la maison. Il faudrait aussi que partout les communes ouvrent, pourquoi pas, une maison pour les rencontres de jeunes mères et pères avec leurs enfants; il faudrait une « maison des petits » dans chaque commune et, par quartier, dans les villes. Au moins une « maison des petits », ou mères, grands-mères ou gardiennes pourraient aller, et où, dès la naissance, les enfants se rencontreraient. Cela pour que tout enfant élevé au foyer soit socialisé et mis en sécurité dans sa classe d'âge. Le petit enfant pourra ainsi faire l'expérience de la société des enfants de son âge aussi bien que des personnes adultes, en présence de la personne tutélaire qui est la source de sa sécurité. A toute expérience nouvelle, insolite ou désagréable, il pourra du regard se sécuriser, savoir où aller, rassuré par la présence, le regard, les paroles de sa mère ainsi que par des gestes réconfortants. C'est l'expérience que nous faisons dans cette petite « Boutique » du XVe arrondissement [1].

C'est cela entrer en société, ce qui autrefois se faisait naturellement à l'époque où les enfants vivaient avec tout le monde dans la salle commune artisanale. Il y avait beaucoup de mortalité infantile, mais ceux qui survivaient étaient sociaux dès le début de leur vie. Il ne faut pas oublier ce qu'il y avait de positif à cette époque où l'hygiène et la médecine n'avaient pas fait les progrès d'aujourd'hui. Il ne faut pas non plus négliger ce qu'il y a de positif actuellement. Un mot nouveau a été créé qui dit tout : la « convivialité ». Il n'est jamais trop tôt pour commencer.

Dans les maisons maternelles, on aide les femmes à se socialiser. Et le père? Le père n'est pas père en imaginaire, il est père parce qu'un enfant *le rend* père. Nous oublions trop souvent que c'est l'enfant qui naît qui fait naître les géniteurs à une nouvelle vie; qui fait monter le lait dans la poitrine de sa mère, et qui, s'ils en ont les potentialités, fait monter le lait de la tendresse dans le cœur de ses parents.

Mais le rôle de l'entourage et de l'entraide sociale en acte sont souvent nécessaires, sinon toujours. Quand la mère parle du géniteur de son enfant, on comprend si elle est ou non heureuse d'être enceinte de lui. « Vous dites tout cela de cet homme, pourtant puisque vous aimez l'enfant que vous portez, c'est tout de même à lui que vous devez de pouvoir le porter, cet enfant... » Alors, elle sourit et, peu à peu, cet homme devient présent, il devient présent à l'enfant... à ce bébé qui naît, qui n'a pas de père ou dont le père va attendre quarante-huit heures avant de venir. Vous êtes l'infirmière ou l'accoucheuse, vous devez parler du père : « Tu dois avoir un beau papa pour être aussi belle, aussi beau; ta maman a bien choisi ton papa... »

Il y a une chose que je voudrais dire aux pères qui sont ici à propos de l'inscription de l'état civil. J'ai vu

1. Voir p. 137.

beaucoup de pères qui ont été frustrés de ce qui est l'acte social originel de la paternité, lequel est fierté en même temps qu'angoisse. Je veux parler de l'événement très important pour eux, qui est d'aller déclarer eux-mêmes l'enfant à la mairie. Le père qui n'a pas pu faire cette démarche est un père dont on a éradiqué le premier geste de sa fierté parentale. Il faut penser à cela, parce que, par commodité, les services sociaux prennent la place du père. C'est certainement quelque chose qu'il ne faut pas faire, à moins, bien sûr, que le père refuse catégoriquement d'y aller. Si c'est la mère qui vous le demande, sachez attendre que le père vienne. Sinon, vous direz alors devant la mère au bébé : « Ton père, qui a un enfant si beau, il n'ose pas venir pour te déclarer lui-même; alors nous allons déclarer ta naissance à la mairie. »

Je parle aux pères qui sont ici et qui, même si c'est une démarche qui les gêne dans la vie, qui les a rendus un peu anxieux, ambivalents, savent très bien que ce que je leur dit est important. C'est un beau moment de virilité symbolique, qui « source » la paternité. Paternité d'un enfant qui naît de lui, paternité d'un enfant qu'il reconnaît parce qu'il aime la femme qui a mis au monde ce bébé et que, l'ayant aimée enceinte, il a, par amour de cette femme, accepté de donner son nom à l'enfant.

Une femme n'a pas du tout le même besoin qu'on reconnaisse légalement sa maternité. C'est en accouchant et en vivant sa montée de lait que la femme a déclaré sa maternité; d'ailleurs, les femmes, en général, ont très rarement besoin, quel que soit le domaine, qu'on reconnaisse leur « paternité », paternité d'une idée qu'elles ont émise par exemple, pas plus qu'elles n'ont besoin que leur enfant porte leur nom pour savoir vraiment qu'il est le leur, ou que l'enfant sache qu'elle est leur mère.

Lorsqu'elle est seule, il faut bien que la mère assume légalement l'enfant, car il faut bien que l'enfant ait un nom qui le réfère à elle, mais c'est par raison; elle n'en a pas besoin pour savoir qu'elle est la mère de cet enfant, tandis que le père, lui, a besoin que ce soit dans la parole que l'enfant soit reconnu, affilié, et qu'il reconnaisse lui-même face aux autres qu'il est le père de cet enfant.

La paternité, c'est quelque chose qui s'accouche lentement. Vous pouvez dire à un enfant de deux ou trois ans que c'est à lui qu'il appartient de faire comprendre à son père que celui-ci l'aime; ce n'est pas au père d'aimer son enfant; cela ne veut rien dire *à priori* pour un père d'aimer son enfant. Bien sûr, cela peut vouloir dire quelque chose pour certains, mais ce quelque chose peut être à leurs yeux émasculant si eux-mêmes n'ont été élevés et aimés que par des femmes. Si lui-même n'a pas eu de père, pour lui, cela ne veut rien dire du tout, tandis que si son enfant l'aime et le lui dit, il crée, au jour le jour, chez cet homme, qui déjà l'assume économiquement, la fonction paternante, aimante. La fonction maternante, comme la fonction paternante, vient des deux côtés, filial et paternel, c'est un rapport de cœur complémentaire. De même l'enfant crée la mère en tant que nourrice lactante, c'est lui qui dans sa présence et ses demandes « crée » la mère, aux gestes complémentaires de ses besoins, puis lui fait trouver les paroles expressives de ses désirs en les reconnaissant; ce qui, lorsqu'une mère est saine, ne veut pas dire de devoir toujours satisfaire ces désirs. Satisfaire les besoins, c'est indispensable, tandis que satisfaire les désirs, c'est surtout en parler, les reconnaître et ainsi les justifier. Les désirs ont à être parlés, « parlés non » ou « parlés oui », mais parlés. C'est cela qui est important. Le désir a à être non seulement justifié, mais reconnu comme humain, entré par la parole dans les échanges affectifs et symboliques; c'est en refusant à un enfant de satisfaire tous ses désirs, c'est en lui enseignant à en temporiser la satisfaction qu'on élève un enfant et non un chiot.

Les *travailleurs sociaux* qui sont voués à l'accueil sont toujours auxiliaires du rôle maternant ou du rôle paternant, qu'ils soient hommes ou femmes. Auxiliaires de réception, auxiliaires d'action, de compréhension et parfois les deux... Lorsqu'ils font quelque chose à la place de la mère, ils doivent toujours dire à l'enfant dont ils s'occupent : « Tu te demandes pourquoi je fais cela; je m'appelle un tel ou une telle, c'est parce que c'est mon métier. Si ta maman ou si ton papa avait pu le faire, c'est elle ou lui qui l'aurait fait; je le fais à la place de ton père, à la place de ta mère, mais je ne suis pas ta maman ou ton papa, ce qui ne m'empêche pas de t'aimer bien. » Dans tous les métiers, c'est comme cela, nous nous complémentons les uns les autres du fait de la technique et de la formation professionnelle que nous avons acquises. En explicitant en parole notre raison d'agir comme substitut à la place de la mère, la mère qui est en l'enfant naît en lui au jour le jour, de même que le père en lui; nous pouvons ainsi lui permettre d'assumer ce rôle maternant de lui-même, qui le rend capable de savoir ses besoins et de les connaître. L'enfant se sert alors de ce que cette personne, substitut de la mère, lui enseigne, sans qu'il devienne pour cela une sorte de caméléon d'identités morcelées. Son corps est bien le même pour lequel la mère a fait ou fait ce qu'elle fait. C'est seulement parce que cette travailleuse sociale le réfère à sa mère et se réfère elle-même à elle, en même temps qu'elle signifie qu'elle est payée pour faire ce métier près des enfants qui ont besoin de gens pour les aider, qu'elle leur permet de devenir seuls responsables d'eux-mêmes en grandissant. Il en est de même quand le rôle est de conduite selon les règles du groupe ou les lois, dans la société tout entière. C'est cela être au service de celui qui se développe dans son identité : l'enfant, signifié par son prénom et son nom.

Alors ne dites jamais, et ne laissez jamais l'enfant penser, que ses parents sont incapables; ce n'est que dans la technique d'élevage et d'éducation que vous les remplacez mais vous le faites « à la place de », pour l'enfant, afin de les aider. L'infirmière est médiatrice pour l'enfant, en temps qu'elle représente comme auxiliaire la mère absente. Elle dit toujours : « Si ta maman était là... », non qu'il faut que les mères soient toujours là, il y a des mères qui rendraient encore plus anxieux leur bébé. Le rôle de l'infirmière est de faire par la parole la médiation entre l'enfant et sa mère; ensuite, elle peut aller voir la mère en lui disant : « Votre bébé a été bien courageux — cela, même s'il a pleuré car vous ne savez pas s'il a été courageux ou non tout en pleurant — maintenant venez, vous allez le consoler et vous pouvez être fière de lui. » Cette femme a alors un baume au cœur, on a fait ce qu'il fallait pour son enfant. Un enfant qui à la suite d'une opération a hurlé et dit des injures au docteur, j'ai assisté à cela, le chirurgien lui a répondu furieux : « Tu n'avais qu'à crever », parce qu'il était tellement vexé que l'enfant agressif l'ait traité de boucher. L'infirmière a le rôle maternant, réconfortant, en même temps que celui d'expliquer pourquoi le chirurgien l'a fait souffrir afin d'éviter un mal plus grand.

Pour en revenir à la formation professionnelle des travailleurs sociaux, je pense que cette formation n'empêche pas que nous restions des humains. Nous sommes toujours des personnes en devenir et ce devenir est souvent oublié dans la formation professionnelle et technique. Chacun de nous sent bien qu'il faut que l'enfant soit et reste un être humain total, par rapport à l'être humain qui travaille pour lui, même si la technique de celui-ci l'a un peu aliéné dans sa compassion ou son affectivité parce qu'il fallait qu'il devienne un technicien. Mais tout cela, c'est un travail personnel, individuel. Vous êtes venus ici tous pour votre évolution personnelle, et moi aussi!

Quant à la *solitude*, c'est vrai que c'est effrayant dans notre société humaine. C'est bien cela qu'il faut pallier. Vous avez le rôle de médiateurs pour l'enfant avec sa famille, avec son corps, et de médiateurs entre la famille et la société. C'est pour pallier cette solitude et faire trouver pour un enfant sans famille le relais avec d'autres familles dont vous vous êtes déjà occupés que vous travaillez. Les familles pourraient, comme vous l'avez dit très justement, s'entraider dans un quartier, dans une commune. C'est à cela qu'il faudrait que nous arrivions. Les villes ont poussé comme des champignons. On a oublié de penser au réseau des relations affectives et des relations sociales entre les êtres. C'est cela qui crée une ethnie; pas seulement d'avoir des logements, d'avoir de quoi y vivre, c'est-à-dire manger, se vêtir, tout ce qui est matériel. Il y a aussi tout ce qui est l'affectif et le spirituel, c'est-à-dire la relation des uns avec les autres, chacun donnant ce qu'il peut, puisque nous sommes tous manquant de quelque chose, nous avons tous besoin d'un autre être humain puisqu'on n'existe pas sans les autres.

La *prévention?* C'est répondre à une demande. D'où vient la demande? Notre travail est toujours d'aider les gens à s'aider eux-mêmes, par les moyens que la société met à leur disposition. Nous ne sommes pas seulement les représentants de la société vis-à-vis des gens; nous sommes aussi les médiateurs qui les informons des possibilités que leur offre cette société et qu'ils ne connaissent pas. Nous sommes leurs auxiliaires pour inciter à ce qu'ils fassent eux-mêmes les démarches sans perdre trop de temps, exactement comme un adulte initie un enfant à ce qu'il ne connaît pas encore. C'est bien plus commode de tout faire pour un enfant à sa place. Au lieu de lui dire : « Prends ce petit escabeau et monte », on va le faire pour lui. Il faut que les enfants apprennent à devenir peu à peu autonomes au lieu de devenir de plus en plus parasites. Un travailleur social, qui est en quelque sorte la nounou de service, doit aider les gens à faire leurs propres démarches en leur indiquant les moyens de les faire pour qu'eux-mêmes aillent un peu plus loin seuls. Autrement, si on leur apporte le résultat, ils seront une autre fois tout aussi démunis.

Est-ce que les *psychanalystes* ont conscience de ce qu'ils construisent autour d'eux? Naturellement non. Nous n'avons pas cette conscience constamment; nous savons ce que nous recevons comme témoignage; ce sont aussi des informations dont ont besoin les autres personnes qui s'occupent des humains, c'est pour cela que nous le faisons. Ce n'est pas parce que c'est difficile et que ça pose problème qu'il ne faut pas que nous continuions. S'il n'y avait pas refus d'entendre parce que cela dérange, nous n'en serions pas là où nous en sommes dans la société. Moi, je suis absolument en admiration pour ce que vous faites tous et qui n'existait pas autrefois. C'est tout de même le travail des psychanalystes qui a permis de découvrir les lois de l'inconscient et ses relations avec la vie consciente. Je crois que c'est à cause de cela que peu à peu ces notions s'incarnent dans des agissements préventifs des refoulements de la relation, car la psychanalyse n'éclaire que la relation entre les humains.

L'hygiène mentale, c'est la même chose que l'hygiène des villes. Au début, il y avait des épidémies. Les savants les ont étudiées, ont trouvé les moyens de soigner puis de prémunir les citoyens un à un par des vaccins; ils ont ensuite permis que les communes aient les moyens préventifs d'éviter ces maladies pour toute la population. Peu à peu, une hygiène mentale naît, qui vise à entraîner les gens au soutien personnel de leur santé, à assumer eux-mêmes leur santé au jour le jour. Nous, psychanalystes, nous sommes médiateurs entre les humains qui sont morts symboliquement. C'est d'eux, en les écoutant un à un, que nous avons appris par la technique de la psychanalyse comment les choses se sont passées au cours de leur vie. Nous avons ainsi appris en soignant, utilement ou hélas inutilement pour eux, quels sont les moments où un être humain court le plus de risques dans l'existence, afin que ces risques soient diminués au maximum pour les autres et pour que le sujet passe l'obstacle des difficultés qui, avant lui, en ont détruit d'autres. De même que l'on vaccine contre les maladies dont autrefois on mourait, nous pouvons maintenant vacciner et c'est cela que la Maison verte essaie de faire — vacciner l'enfant contre le traumatisme de la séparation brusque de son être pas encore individué. Nous l'aidons à se construire comme individu total, corps et cœur, en lui permettant à chaque expérience de séparation et de difficulté avec un petit congénère de son âge ou avec un adulte d'être prémuni contre la détresse qu'entraîne ou peut entraîner une épreuve subie à distance de sa mère. Dans ce lieu, que nous leur proposons, il éprouve certes des difficultés, des insécurités, il y est soumis aux agressions des autres, mais sa mère est là : il revient à elle et n'en meurt pas. Elle le console et il peut alors s'en retourner en étant peu à peu vacciné contre la phobie du contact avec autrui. La retrouvant à des rythmes réguliers, il va pouvoir s'automaterner quand elle n'est pas là.

Je vous parlais de ces rythmes qui faisaient qu'une mère, malgré la séparation, pouvait rester la mère de son enfant. Il faut pouvoir en parler avec certaines mères. Un enfant a, la plupart du temps puisqu'il survit, un milieu nourricier physiologique satisfaisant. Mais il n'a pas de milieu nourricier symbolique s'il n'a pas sa mère au moins deux fois par semaine, deux ou trois heures de suite, pour jouer et parler avec cette personne dont il est issu, complémentairement à un homme, qu'il voit ou qu'il ne voit pas, mais qui est mis dans la parole, dans le circuit triangulaire de sa relation avec sa mère. Sinon, c'est lui, l'enfant, qui est infirme, il est hémiplégique, il lui manque la dimension symbolique, même s'il apprend à parler avec des personnes différentes. Il est construit de bric et de broc comme un arlequin au lieu de s'être d'abord construit entièrement, après avoir lié les expériences du corps originé dans ses géniteurs, et référé aux expériences du cœur et à la parole explicatrice des raisons qui le font élever, le cas échéant, par une nourrice. A trois ans, pour peu qu'on fasse les médiations nécessaires, il est tout à fait capable d'entendre et d'intégrer son histoire. Si on les fait comme je vous l'ai dit, un bébé, à deux mois déjà, est capable d'aller à la crèche sans syndrome d'adaptation. Il est déjà adapté à la vie des enfants de son âge et à la présence d'autres adultes qui le manipulent pour le biberon et pour le change, en présence de sa mère et éventuellement de son père, qui va et vient en l'amenant ou en venant le chercher le soir. Ce sont ces médiations, ces relais qui permettent à un être humain de se vacciner contre les épreuves de la séparation, les heures de solitude qu'il n'est pas encore en mesure d'assumer seul sans être préparé par l'expérience à comprendre le sens de cette épreuve, et, d'autre part, soutenu par des paroles.

Une mère d'une autre ethnie et même de notre ethnie n'est souvent pas capable d'assumer sa maternité si elle ne retourne pas à sa mère et à sa grand-mère, là où elle-même était maternée enfant. Les personnes qui sont autour d'elle sont les substituts auxiliaires de cette femme pour lui dire au milieu de ses difficultés : « Si votre maman était là... » « Si votre grand-mère était présente... » « Si vous étiez dans votre pays et que vous y ayez accouché... » C'est dans la mesure où on parle ainsi qu'elle peut faire le travail symbolique de ce retour en paroles à ses souvenirs; ce qui lui permet d'être là aujourd'hui, faisant le deuil de ce qui n'est pas possible. L'expérience montre qu'à travers vous elle peut alors assumer son bébé sans faire de dépression. En fait, votre travail avec les mères et les pères consiste à dire ce qui est possible, après leur avoir permis d'évoquer ce qu'ils choisiraient d'autre s'ils en avaient la possibilité. A vous de leur expliquer : « Parmi les possibilités actuelles, voilà ce qui est... » Mais avant, on leur a permis de parler leurs désirs; c'est ainsi que vous pouvez parler aux gens, que vous pourrez les aider.

Je crois évidemment que je n'ai pas dû répondre comme vous l'auriez souhaité. Je vous ai répondu d'une façon, un autre psychanalyste vous aurait répondu autrement, mais il y a là un esprit qui passe. C'est cet esprit-là, avec votre compréhension à vous, qui va faire que vous pourrez comprendre mieux votre travail.

R. Clément : *Beaucoup d'assistantes maternelles ont participé aux carrefours sur le placement familial. Parmi les difficultés recensées, a d'abord été soulignée l'évolution de ce qu'on demandait aux assistantes maternelles. On n'en attend plus maintenant un simple gardiennage.*

Par ailleurs, et c'est un sentiment tout à fait général, on constate qu'il est encore bien difficile pour les travailleurs sociaux et administratifs d'accepter et de reconnaître les assistantes maternelles comme des partenaires à part entière du travail social. Nous leur communiquons peu ou pas du tout les informations que nous avons sur l'histoire de l'enfant ; elles sont peu ou pas aidées dans leur travail et demeurent très isolées.

Sont souvent revenues aussi des questions relatives à l'ambiguïté de ce travail très particulier. Elles sont salariées pour faire leur travail et en même temps travaillent avec et pour de l'amour. Comment se fait l'articulation argent/affectivité ? Il y a là une sorte d'engluement bien difficile à vivre et à dépasser.

A quoi sert pour un jeune enfant d'être en famille d'accueil ? Y a-t-il des indications particulières ?

Que signifie s'attacher sans s'attacher ? Est-ce possible ? Parfois, la famille naturelle a du mal à supporter cette situation de rivalité avec la famille d'accueil vécue plus comme famille de substitution que comme famille auxiliaire, et la famille d'accueil travaille donc toujours aussi avec la souffrance de la famille naturelle.

Concernant l'histoire de l'enfant que peut-on lui dire de ses parents, surtout s'il est très jeune, lorsqu'ils sont rejetants ou qu'ils sont en prison, ou malades, hospitalisés en hôpital psychiatrique ?

F. Dolto : C'est terrible, mais je peux encore moins vous dire quelque chose là-dessus. En fait, il n'y a pas de réponse directe à ce que vous demandez là.

S'agissant de l'assistante maternelle, le plus important, c'est son foyer, c'est son mari, ce sont ses enfants. (*Applaudissements.*) N'oubliez pas de toujours le dire. C'est elle qui est salariée, qui travaille avec l'enfant, mais les enfants de cette personne doivent être inclus dans son travail. A la Maison verte, on ne manque jamais de dire aux enfants d'une assistante maternelle que leur mère est payée pour garder des enfants d'autres mères et pères. Ainsi, il était difficile pour une petite fille de comprendre le mot « nourrisson » alors qu'elle avait trois ans et les « nourrissons », ou les « en nourrice », avaient deux ans et demi ou quatre ans! C'est très difficile. « Ta mère est une nourrice de la D.D.A.S.S. » Mais on ne les appelle plus nourrices, comment appellent-elles les enfants qui leur sont confiés? Elles disent « les gosses »; c'est un mot que je ne voudrais plus entendre; « gosse », en canadien, savez-vous ce que cela veut dire : cela veut dire « testicules ».

R. Clément : *Et nous parlons des gosses de la D.D.A.S.S.*

F. Dolto : J'ai expliqué à l'enfant que sa mère était payée pour garder des enfants chez elle, ce qui lui permettait de ne pas travailler à l'extérieur, et j'ai posé la question : « Est-ce que tu aimerais mieux que ta maman parte travailler et que tu ne sois pas à la maison avec elle? — Non. — Eh bien pour ça, il faut que ta mère gagne de l'argent en gardant des enfants que le père et la mère ne peuvent pas garder à la maison. Chacun de ces enfants a sa maman et son papa qu'il connaît, ou qu'il ne connaît pas. » Il faut que les enfants de la mère nourrice comprennent qu'eux aussi sont impliqués dans ce métier. Pour cette gardienne de la D.D.A.S.S., un des enfants partait en week-end chez sa mère mais l'autre vivait entièrement chez sa nourrice, sans famille connue ni par celle-ci, ni par l'enfant de cette nourrice, et la petite ne s'y retrouvait pas.

Il ne faut pas oublier de dire toujours dans vos propos : « Vous direz bonjour à votre mari de ma part... Votre mari, comment va-t-il? » et à l'enfant : « Tu donneras le bonjour à ton père. » C'est par ces paroles qu'elles verront que vous les respectez en tant que femmes qui ont un être humain qui les aime et leur permet de faire ce travail à la maison. Même si vous ne voyez pas le père nourricier, vous devez l'intégrer dans vos paroles. Il ne faut pas prendre ces femmes comme si on faisait abstraction de leur vie sexuelle et de leur vie conjugale et affective. « Est-ce que le dimanche vous pouvez voir votre mari, la famille de votre mari? Est-ce que c'est bien accepté que vous ayez des enfants en placement? » et à l'enfant : « Tu sais que c'est la famille de ta maman nourrice? Tu aimes bien aller à tel endroit. Tu sais que c'est la famille de ton papa nourricier? »

Quand l'enfant quitte ces assistantes maternelles, il ne faut pas dire qu'elles l'ont aimé « à fonds perdus ». Comme s'il s'agissait d'une affaire capitaliste, ainsi on « placerait » dans un enfant et ça ne « rapporterait » jamais! C'est au jour le jour qu'une femme qui est maternelle — et elles le sont toutes, sans cela elles n'auraient pas choisi ce métier — reçoit le courage de continuer à travailler. Dans les moments de découragement, elles peuvent être épaulées par une autre qui les aide, mais c'est au jour le jour qu'elles ont la récompense de ce qu'elles font. Les enfants apportent énormément aux personnes qui s'occupent d'eux. C'est ce qu'on oublie. A vous aussi, les enfants vous apportent beaucoup. Bien sûr, dans les moments de fatigue, on ne s'en souvient plus, alors il faut râler un bon coup, ça fait du bien. Tout n'est pas facile dans ce travail, c'est sûr, mais aux femmes qui se sentent faites pour cela, il apporte beaucoup de satisfactions.

Il faut aussi penser, c'est essentiel, quand un enfant s'en va, qu'il y ait des photos de sa mère et de sa famille nourricière; qu'il y ait une continuation pour lui, des preuves de son passage dans cette famille, avec l'adresse et, pourquoi pas, la carte postale du village et des lieux dans lesquels il a été placé. Pour la plupart de ces enfants, qui à certaines époques de leur vie ont été en nourrice, à tel endroit, le simple fait qu'il y ait des photos de quand ils étaient petits avec telle personne qui dans un temps donné a été pour eux maternante compte beaucoup. Plus tard, même si cela n'aboutit pas, c'est un moment extraordinaire dans la vie de l'enfant de pouvoir se dire qu'il parviendra peut-être à les retrouver. On voit cela souvent au cours d'une psychanalyse où les gens revivent leur histoire; il se passe toujours un moment où ils recherchent la personne grâce à laquelle ils ont passé un moment très difficile dans leur existence. Ils la recherchent et c'est un bonheur pour tous les deux de pouvoir se retrouver.

Alors, il faut qu'on garde trace pour l'enfant qui n'est pas encore capable de le faire et que cela fasse partie intégrante du vestiaire de l'enfant, de son bagage. Je crois que pour les maternants aussi, c'est énorme de savoir que cet enfant gardera un souvenir, qu'il aura en tout cas une trace écrite de son séjour chez eux. Je me souviens d'un cas où la personne qui s'occupait d'un enfant était partie tellement l'enfant l'avait martyrisée. Il a dit : « Je voudrais bien la revoir. Qu'est-ce que je lui en ai fait baver!... Finalement elle est partie... et, en réalité, c'est la seule dont je me souvienne. Elle m'a aidé à vivre à cette époque-là. » Il est retourné la voir et il lui a apporté des gâteries. La femme lui a dit : « J'ai cru que j'allais y laisser ma peau dans ta famille avec tout ce que tu me faisais voir... »

Les enfants agressifs sont pénibles à vivre chez une nourrice comme dans leur famille. Ces enfants insupportables et que pourtant on garde jusqu'à n'en plus pouvoir conservent le souvenir de quelqu'un qui leur permettait ainsi d'exprimer leurs souffrances. Un enfant qui est une « eau dormante » est beaucoup plus facile, mais il ne faut pas se décourager quand ça va mal.

Par ailleurs, il ne faut pas qu'une assistante maternelle se sente la bonne de la D.D.A.S.S. (*applaudissements*) et celle-ci ne doit pas se comporter en patronne qui donnerait son salaire à une bonne.

Comment aider ces femmes? Mettez-vous simplement à leur place, à celle de leur mari, à celle de leurs enfants, et demandez-vous ce que vous aimeriez qu'on vous dise. Ainsi trouverez-vous simplement et facilement les mots. Vous dites toujours que vous n'avez pas le temps, qu'il faut aller vite... On a toujours le temps de dire un mot. Vous avez vu hier dans le film comment cette femme était adorable dans sa manière d'être nounou. Malheureusement, vous avez vu aussi que son conjoint à côté d'elle était vraiment négligé... C'était tout le temps un colloque avec la femme et pas du tout avec l'homme. Or, si elle était ce qu'elle était, c'était bien grâce à la présence de cet homme. Il faut donc bien l'introduire dans le travail d'accueil, dans ce travail social merveilleux qu'est le travail de ces femmes assistantes maternelles.

C'est un baume pour ces femmes; dès qu'on leur parle de leur mari, c'est tout à fait autre chose. Alors elles se donnent le droit d'être à nouveau des femmes dans la vie et pas seulement des mères... Et dire aux enfants : « Si plus tard tu as un mari, il ne faudra pas s'occuper uniquement des enfants, il faudra lui réserver une place comme le fait ta nourrice. » Les enfants vivent leur œdipe sur leur père nourricier comme ils le vivraient sur leur père géniteur s'il était là. N'oubliez jamais de parler du conjoint. Il est quelquefois le plus structurant pour les enfants. Et puis vous, il faut dire à l'enfant devant la nourrice que quand il sera grand, il pourra retourner vers sa mère et son père de naissance, mais que cela ne l'empêchera pas de continuer d'aimer sa nourrice gardienne qui l'a élevé. Quelquefois, les couples ne peuvent pas s'occuper de leur enfant en raison des difficultés qu'il leur donne et qu'il ne donne pas ailleurs. Cela ne veut pas dire qu'il faudra qu'il soit toute sa vie séparé de ses parents. A partir du moment où un enfant est en famille d'accueil à peu près adopté, qu'il est arrivé à se subvenir à lui-même, il est bon qu'il revienne temporairement dans sa famille, puis qu'il revienne dans sa famille d'accueil... si c'est possible! C'est ainsi qu'on devrait travailler, il ne sert à rien de déraciner à vie un être humain, même si momentanément il est nécessaire de le transplanter ailleurs. Il s'agit de familles de transplantation plutôt que de familles de remplacement total. C'est cela qu'il faut comprendre à propos des familles d'accueil et il y a là un travail qui n'est pas facile.

Lorsqu'il y a *séparation,* il faut que la douleur soit prise en compte, il faut qu'il y ait une fête douloureuse du départ, que ce moment important soit marqué et que l'assistante sociale prenne une photo qui restera pour marquer le jour du départ de chez la famille Un tel. C'est important de dire : « Je vous promets que je vous donnerai des nouvelles »; surtout ne pas dire qu'il sera beaucoup mieux dans une pension ou ailleurs. « Bien sûr, il sera malheureux... Ce que vous avez fait pour lui est sûrement irremplaçable, c'est une époque de sa vie où il s'est ressourcé, requinqué. Je vous donnerai de ses nouvelles. » Ainsi vous ferez le lien à travers l'espace et dans le temps entre les enfants et les femmes qui les ont momentanément aidés à survivre dans une situation particulièrement difficile. Et ces personnes gardent les nouvelles des enfants qu'elles ont eus.

Quant aux parents qui sont en prison, aux mères prostituées, aux mères en hôpitaux psychiatriques, cela a toujours été des cas particuliers. Mais, chaque fois, il faut dire la vérité aux enfants en leur expliquant la situation malheureuse dans laquelle ils se trouvent. C'est un secret qui leur appartient et vous leur dites qu'ils peuvent le garder pour eux, en complicité avec la seule nourrice. Au besoin, vous leur dites le « mensonge » à dire aux copains que sa vie personnelle ne regarde pas.

Il faut qu'un enfant puisse aller voir son père, ou sa mère, en prison. Si ce ne peut pas être avec des personnes du placement nourricier, que ce soit avec une personne de la D.D.A.S.S. Combien de cas ai-je vus où c'était l'enfant qui aidait sa mère à attendre!

Il est important naturellement de demander à l'enfant s'il veut aller voir son père, d'inciter le père à écrire à son enfant, et lui apporter de ses nouvelles, des photos... Ce travail-là est indispensable car qui, parmi nous, s'il avait été dans les conditions de cet homme ou de cette femme, peut dire qu'il n'aurait pas été lui-même délinquant, qu'il ne serait pas tombé dans le piège de la loi? Nous sommes tous des êtres faibles à des degrés divers. Nous avons eu la chance d'être éduqués autrement. Cette attitude ne dénie pas que la loi s'applique, mais dénie que celui à qui s'applique la loi soit à mépriser, à ne pas être aimé par ses enfants. Il faut l'expliquer à l'enfant : « Tu vois, si ton père avait eu un papa qui... Si ta mère avait eu une famille quand elle était jeune... » C'est fantastique ce que l'enfant peut apporter ainsi à ses parents. Certains leur ont permis de survivre, parce que ces gens qui sont en prison sont à l'affût de la moindre consolation qui leur vient de l'extérieur. Ils sont honteux pour leurs enfants. Ils croient qu'il est mauvais pour eux de savoir qu'ils ont commis un acte de délinquance. S'ils n'avaient pas été vus, ils auraient continué tout aussi bien : « Pas vus pas pris! » C'est vrai, nous le savons, mais ce n'est pas parce qu'on est délinquant vis-à-vis de la société qu'on l'est vis-à-vis des sentiments naturels. Pas du tout, c'est quelquefois tout le contraire.

Bon, je crois avoir répondu aussi bien que je pouvais.

LES ÉTABLISSEMENTS DE L'AIDE SOCIALE A L'ENFANCE

Pierre LIMOUSI : *Concernant les établissements de l'Aide sociale à l'enfance comme les pouponnières ou maisons maternelles, le premier problème que nous souhaiterions aborder avec vous a trait à une catégorie de personnel dont il a été beaucoup question, aussi bien dans les films que nous avons vus que dans les groupes de travail qui se sont réunis. Il s'agit de la catégorie des puéricultrices, des nurses ou des « taties », comme on les appelle. Nous avons noté dans le cadre de ce rassemblement de Bordeaux que c'était proportionnellement la profession la moins bien représentée. Un exemple : nous sommes ici davantage de psychologues que d'auxiliaires de puériculture alors que, sauf erreur, sur le terrain, c'est l'inverse! Dans les établissements eux-mêmes, c'est aussi cette catégorie professionnelle qui est la plus écrasée par les hiérarchies, celle qui connaît les conditions de travail souvent les plus difficiles, et qui a de fait les responsabilités quotidiennes les plus grandes. C'est surtout celle qui est la moins payée. Enfin, dans l'éventail des différents intervenants auprès des enfants, c'est celle qui a reçu la formation de base la plus rudimentaire.*

Par ailleurs, deux types de discours et de positions ont été défendus : l'un, insistant sur les problèmes de prise en charge des jeunes enfants dans le cadre d'une collectivité, dénonçant ces institutions qui font partie intégrante de la machine « Aide sociale à l'enfance ». Cette collectivité *serait par définition carentielle, infantilisante, aussi bien pour les enfants qui y vivent que pour les adultes qui y travaillent. L'autre discours était : pourquoi les établissements d'Aide sociale à l'enfance ne pourraient-ils pas, même pour des jeunes enfants, être comme des instruments utiles, à notre disposition face à des situations données. Le problème est de déterminer dans quelles situations, à quelles conditions et avec quels moyens, voire à partir de quand, ces établissements peuvent devenir des outils fiables.*

*Comment, dans le cadre de la pouponnière ou des lieux de vie quels qu'ils soient, prendre en compte le passé et l'*histoire de l'enfant? *Quelle place accorder à la famille? Comment l'impliquer dans l'organisation de la vie de l'enfant? Enfin, lorsqu'un enfant est* placé *en pouponnière ou dans un établissement, est-ce que nous cherchons toujours à savoir* pourquoi? *Que pouvons-nous lui en dire?*

Est-ce que nous nous donnons les moyens de remettre en cause cet état de fait quand nous pensons que ça n'est pas une bonne chose pour lui?

F. DOLTO : C'est une attitude courante que celle des personnes adultes qui, dans une institution, ont tendance à identifier le rôle hiérarchique inférieur à la valeur inférieure de la personne et qui prennent le rôle du savoir ou du pouvoir social comme signe des valeurs affectives, émotionnelles et structurantes pour l'enfant. Ces personnes qui sont tout le temps auprès d'eux, qui leur remplissent les narines de leur odeur, les oreilles du rythme de leur voix, qui les construisent au jour le jour, on croit qu'elles ne sont que des mercenaires. Elles en arrivent alors à penser, du fait de ce que l'on projette sur elle, qu'elles sont interchangeables, que si elles sont payées moins cher, c'est parce qu'on en trouve davantage qui pourraient faire cela.

Je ne crois pas que cela soit vrai. Je pense que s'occuper d'un petit bébé, c'est peut-être une chose dont la directrice, la surveillante ou l'assistante sociale ne serait pas capable. Il faut qu'on puisse le dire parce que tout le monde ne peut pas être comme elles à l'écoute constante des besoins de nourriture, de sommeil, de pesée, etc. Ces femmes quand elles aiment leur travail, cela se voit. Les enfants sont éveillés rien qu'à les voir, ce qui n'est pas le cas quand passe la directrice. C'est bien qu'il y a là un travail humanisant et vivifiant qui se fait par elles et avec elles.

Je vais vous raconter une petite histoire. J'ai connu une jeune sage-femme qui est ensuite devenue kinésithérapeute. C'est elle qui est venue avec moi en vacances pour ma fille, mon troisième enfant, car j'ai accouché à la maison grâce à elle. J'ai accouché deux jours après mon arrivée en maison de vacances car, si j'avais accouché à Paris, mon mari et mes deux aînés n'auraient pas eu de vacances. Je suis donc allée avec cette jeune femme qui était sage-femme et j'ai ainsi accouché de Catherine en Bretagne. Cette jeune femme m'a raconté que dans l'endroit où elle avait été formée, chaque sage-femme avait chacune cinq ou six nourrissons en charge. Puis, curieuse chose — j'espère que cela a évolué depuis — tous les quatre mois, elles en changeaient. Elles ne gardaient pas les mêmes enfants en les suivant depuis le départ; et pourtant les enfants y restaient jusqu'à dix-huit mois; tous les quatre mois elles changeaient de nourrice, et on jouait à ne pas savoir quelle était la répartition. Les médecins avaient à deviner à quelle sage-femme en formation appartenait tel groupe d'enfants. Ils étaient tous habillés pareil et les sages-femmes aussi. Les enfants alignés, c'était toujours le groupe de celle qui avait le visage le plus mobile et ouvert et de celle qui avait le visage le plus sérieux et renfrogné que l'on reconnaissait en premier. Les enfants avaient une expression mimétique du visage des jeunes filles qui s'occupaient d'eux. C'était toujours pour les deux mêmes sages-femmes que l'on ne trouvait pas, c'était très amusant. Elle me disait que, pendant les deux premières semaines, tous vraiment ressemblaient à n'importe qui et que, peu à peu, ils se mettaient finalement à ressembler à la personne qui s'occupait d'eux.

Ce sont les auxiliaires qui sont le plus au contact de l'enfant. Elles sont moins payées financièrement alors qu'elles paient davantage de leur personne. Il faut le leur dire et leur dire aussi que ce qu'elles font pour ces petits, personne d'autre ne peut le faire. Il est en effet dommage qu'il y ait de telles différences de paiement. De la même façon dans l'enseignement, ce sont les instituteurs et les institutrices s'occupant des petits qui devraient être le plus payés. On devrait davantage payer les maîtresses des première, deuxième, troisième et quatrième années de maternelle jusqu'à la lecture et l'écriture courante. Après, en effet, les enfants peuvent trouver réponse à leurs questions avec des livres et les uns par les autres, tandis que lorsqu'ils sont jeunes ils n'ont pas encore ces moyens de médiatisation. Ce n'est que par une personne médiatrice qu'ils accèdent à la culture.

Malheureusement, notre société est mal faite, et peut-être que toutes les sociétés sont mal faites! En tout cas, vous pourrez leur dire chacun en revenant que même si la société ne les favorise pas par l'argent, ces enfants, elles les marquent définitivement dans leur cœur parce que ce sont elles les médiatrices du monde et que pour ces bébés, c'est très important. Être reconnu comme quelqu'un de valeur est difficile, mais les choses changeront. Il faut des décennies pour que les choses changent peu à peu, et il y a là tout un esprit à changer. Ces jeunes filles ont quelquefois dû emprunter pour faire des études mais peut-être auraient-elles besoin d'être aidées par vous, plus encore que celles qui peuvent se reposer sur un savoir ou sur une promotion en cours. Beaucoup sont arrêtées dans leur promotion. Il y a tout un travail à faire d'entraide et d'équipe car, quelquefois, elles ne savent pas formuler. Elles auraient pourtant beaucoup à nous apprendre des observations qu'elles font sur les bébés, si seulement nous avions le temps quelquefois de parler avec elles. Je suis au courant de ces relations par les pouponnières que j'ai vues. Ce qu'il y a de plus difficile à combattre, c'est leur sentiment d'infériorité. Alors elles se rattrapent autrement. Elles disent devant l'enfant, à une camarade de travail : « Tu vas voir sa mère, elle va encore venir avec un autre homme. » Elles disent comme ça des choses désobligeantes sur les mères, en présence de leur enfant. Il faut bien qu'elles se paient d'une autre façon puisqu'elles donnent tout leur cœur.

Les mères ne les connaissent pas, elles les traitent même parfois comme des domestiques; en tout cas pas comme des amies. C'est à la directrice de dire : « Vous savez comme madame Un tel est attachée à votre enfant. » On peut toujours le dire, même si ce n'est pas tout à fait vrai.

Celles, ceux qui sont ici, directrices, psychologues, travailleurs sociaux, médecins de crèche, aideront les mères à reconnaître la valeur du travail que font ces jeunes femmes avec leur cœur, et c'est vrai, sans beaucoup de satisfactions matérielles. Mais peut-être est-ce par vous qu'elles pourront avoir des satisfactions affectives, être reconnues comme aussi indispensables, utiles autrement et peut-être plus que vous, au niveau de l'enfant.

Les carences dues au règlement ou aux thérapeutiques? Mais est-ce qu'une famille est un outil? Vous parlez avec de drôles de mots!

Une famille, ce n'est pas un outil. « Tout est thérapeutique » ou « tout est pathologique ». Cela ne veut rien dire. Comment se fait-il que dans cette institution dont vous parlez les enfants ne puissent pas passer avec toutes les personnes qui travaillent? Pourquoi les enfants n'aident-ils pas les personnes à faire leur lit, à faire le ménage, la cuisine, mettre la table? Il faut que nous arrivions à changer cela; peut-être y en a-t-il déjà où cela se fait. Que dans une institution substitutive de la formation familiale les enfants puissent s'occuper à aider, à gérer la maison comme ils le feraient chez eux! c'est cela qui est important et non pas qu'ils soient des administrés : « Laisse ça, ne touche pas le balai, ne te traîne pas par terre, travaille. » J'ai vu des maisons où les enfants faisaient n'importe quoi par terre et les institutrices sur place ne se rendaient pas compte qu'à la maison, la mère ne les éduquerait pas ainsi. Dans l'institution, ce sont des femmes de ménage qui s'occupaient de cela. Il faut changer cet état d'esprit. Les enfants peuvent tout à fait parvenir à compter avec la personne qui est chargée du ménage, à la personnaliser par son nom, à penser à lui éviter du travail inutile.

Il y a aussi les maisons où sont fermées à clé les chambres où couchent les enfants. Que serait une maison où la mère empêcherait son enfant d'aller se reposer dans sa chambre? A force de défenses, d'interdits, de tracasseries disciplinaires, la maison n'est finalement pas celle où l'on aime vivre, où l'on est bien chez soi, où on entretient ce chez soi et où l'on est enseigné à l'entretenir. La division du travail est telle que chacun fait le sien de son côté et ne communique pas dans l'entraide avec les autres. Il faut que nous arrivions à ce que *ces institutions soient des maisons où chacun est enseigné à pouvoir aider;* où, quand telle personne manque, elle puisse être remplacée. C'est l'autogérance; je ne sais pas comment on pourrait y arriver. Mais c'est cela, *un lieu de vie et d'apprentissage à vivre,* pour des enfants « placés ».

Il est terrible que les enfants en pension ne fassent pas autre chose que d'y mettre les pieds sous la table et n'y apprennent rien, si bien que quand ils sont dans la vie ils ne savent rien faire. Il faut penser que c'est un substitut de vie familiale et aussi bien pour les garçons que pour les filles. Est-ce que les *règlements* empêchent que cela se passe ainsi? Je ne crois pas. Je crois qu'on peut, à l'intérieur des règlements, avoir pas mal de liberté, faire des essais, se rendre compte combien cela apporte à chacun du point de vue de sa responsabilité dans cette collectivité. C'est cela la collectivité. Elle est faite du sentiment de la responsabilité de chacun avec un rôle plus ou moins délimité, qui déborde en fait sur celui de l'autre, avec une entraide préventive à ne pas trop donner de travail aux autres. Cela prouve que l'on pense à eux comme à des personnes.

La prise en compte de l'histoire de l'enfant? C'est pour les petits que cette prise en compte est particulièrement importante. Il faut parler à l'enfant et le faire devant la personne qui s'occupe de lui en lui disant : « C'est un secret entre vous, moi et l'enfant. » Quand vous sentez que cette femme est capable de l'entendre, il est important que le secret de son origine et de sa famille puisse être partagé avec elle. C'est quand il y a quelque chose de difficile que vous devez l'aider à mieux comprendre l'enfant et vous référer aux expériences douloureuses que cet enfant a pu faire auparavant. C'est surtout quand ça va mal qu'il est nécessaire pour la personne d'accueil de l'enfant de comprendre que les difficultés ne sont pas dues à elle, mais à une situation passée que l'enfant répète avec elle. C'est important, important aussi que cela soit dit à l'enfant devant cette personne.

Quelle place donner à la famille de l'enfant? Il est le

représentant de sa famille, et, à travers lui, ce n'est pas la famille dans tous les avatars qui lui sont arrivés, c'est la famille en temps que source de cet être humain qui est à considérer. Il peut y avoir carence de la famille mais non pas de cet être humain. La famille peut voir le lieu où vit l'enfant — pourquoi pas? Quand c'est impossible dites : « Vous savez qu'il est difficile pour la famille d'accueil, ou pour l'établissement, de vous recevoir parce que ceci, parce que cela, mais je vais faire le lien. » Il est très important de faire la médiation entre les deux lieux, entre les deux familles, de pouvoir en parler à l'enfant. C'est quelquefois difficile mais c'est tout de même votre rôle.

Que sont en fait les *travailleurs sociaux?* Ils ont une technique particulière par rapport à un agissement nécessaire à cet être humain, citoyen ou citoyenne qu'il prend en charge partielle. Ils ont surtout le rôle de médiateur entre cet individu et son histoire, entre le corps de cet individu et ce qu'on en dit à travers ces rencontres (autant par rapport à son insertion sociale qu'à son ancrage dans sa famille génétique); puis celui de médiateur entre les familles et les lieux successifs où il est passé. Mais il est un homme ou une femme en devenir; il a la parole à partir du moment où il peut mettre en mots ce qu'il voudrait actuellement et aussi plus tard car tout être humain se projette dans l'avenir et il ne se porte bien moralement que s'il fait des projets. C'est l'espérance d'un plus tard meilleur qui aide tous les enfants, encore plus les enfants sans vrai soutien familial. Il faut laisser l'enfant dire, dire tout ce qu'il désire et répondre si ce qu'il demande est possible : « On verra peut-être. » Vous avez un rôle actif dans ce rôle de médiateur, mais c'est toujours un relais avec quelqu'un d'autre qui prendra le relais à son tour. C'est pour cela qu'il faut que votre travail soit fait en équipe, pour que chacun sente qu'il n'est pas tout seul, que quelqu'un prend la suite, qu'à plusieurs on a réfléchi. Je crois que c'est cela qui peut être retenu par les divers travailleurs sociaux qui ont des manières de penser, des formations, des attitudes paterno-maternantes différentes. Ils doivent parler à l'enfant, l'écouter, lui dire ce que l'on a débattu à son sujet, et pourquoi on est arrivé à cette solution, peut-être parce que l'on n'en voyait pas d'autres meilleures ou possibles. Ils doivent expliquer à l'avance aussi bien à l'enfant qu'à sa famille d'accueil pourquoi il va être séparé d'elle. Quant aux séparations lorsqu'il est repris par ses parents ou lorsqu'il est adopté, il faut absolument que les personnes qui s'en occupent sachent qu'il devrait être interdit d'agir brusquement comme on prend une étiquette pour la coller ailleurs. C'est traumatiser la descendance de cet enfant autant que la famille d'accueil chez qui il a vécu jusqu'au moment de ces changements de leur lieu de vie. Un départ, cela se prépare lentement et ça ne doit pas être brutal. Pour les familles adoptives, l'important est qu'elles permettent de l'y ramener pour que, s'il le désire et même s'il ne le désire pas, on envoie des nouvelles à la ou les familles qui avaient accueilli cet enfant jusqu'à son adoption.

Quant aux méthodes qui consistent à brouiller les cartes dans la mémoire de l'enfant, c'est ce que l'on peut faire de pire. De même que le mettre en placement collectif, « en attendant ». Est-ce pour qu'il souffre et que de cette façon il accepte n'importe quels parents? C'est abominable!

J'ai vu des adoptions qui se faisaient parfaitement. Je crois que l'adoption la meilleure serait de pouvoir mettre l'enfant d'abord en placement nourricier chez les adoptants éventuels. Le placement pourrait se faire ultérieurement adoptif, mais on n'en sait rien. Du côté de l'enfant comme du côté des parents, l'adoption se fait au jour le jour.

Le *parrainage* est quelque chose de très important qui n'est probablement pas assez utilisé. Je parle de plusieurs parrainages, pas d'un seul. Les enfants qui vivent en collectivité peuvent avoir quatre familles d'accueil à tour de rôle parrains et marraines du premier, deuxième, troisième ou quatrième dimanche, si c'était possible. Ils recevraient un franc symbolique pour parrainer l'enfant et cela se ferait parce qu'ils ont envie de ce parrainage, mais la D.D.A.S.S. devrait refuser qu'ils parrainent sans recevoir au moins ce franc symbolique. Ils pourraient aussi parrainer en recevant de l'argent pour le week-end où ils ont cet enfant, et l'enfant a à le savoir. Des enfants qui ne veulent ou ne peuvent pas être adoptés ont ainsi besoin d'avoir des familles d'accueil différentes pour comprendre la diversité des styles de conjugalité, de familiarité et de convivialité. Ces familles restent pour eux des amies, comme des enfants élevés dans leur propre famille ont des amis, des familles amies chez qui ils se rendent.

Vous voyez l'intérêt qu'il y a, à ce que dans une collectivité d'enfants de la D.D.A.S.S., les filles comme les garçons sachent parfaitement faire la cuisine, faire le ménage, sachent parfaitement aider. Quand ils vont dans une famille d'accueil, ils peuvent alors donner en échange de ce qui leur est donné. C'est bien ce qui se passe quand une famille élève normalement, je ne dis pas « bien » ou « mal », mais élève normalement son enfant. Elle le socialise, c'est-à-dire lui donne une monnaie d'échange pour ceux qui l'accueillent hors de sa famille. Il y a un moment, vers sept ans au plus tard, où l'enfant a besoin d'aller dans des familles d'accueil différentes. Quand il vit dans sa propre famille, cela consiste à aller chez celle de parents ou d'amis. On s'aperçoit alors peu à peu que l'enfant a des affinités pour un mode de vie particulier : « Je ne veux plus retourner dans cette famille-là, je ne m'y plais pas » ou « ça n'a pas tellement bien marché chez monsieur, madame Un tel... » On laisse, on attendra plus tard. Il refuse de revenir dans une famille et, deux ou trois mois après, il vous dit : « Il y a longtemps que je n'ai pas vu telle famille... — Mais je croyais que tu ne voulais plus y aller... — Si, je voudrais bien y aller une deuxième fois. » Il s'est vacciné contre quelque chose qui l'avait un peu heurté et, maintenant, il demande à y retourner.

Dans ces familles d'accueil différentes, il est important que les enfants ne soient pas comme des assistés et qu'ils puissent en échange donner autant qu'ils reçoivent. C'est cela la relation humaine. Il faut qu'ils aient un savoir-faire, un « pouvoir-faire », pour aider ces gens ainsi que les enfants de ces familles, parraines de week-end ou de petites vacances. Il faut lui faire admettre sa famille parraine, et cela se prépare. Il arrive dans la famille parraine en apportant un petit cadeau, à moins qu'il ne l'ait gardé pour lui, aucune importance! Ainsi, la famille parraine se met à apprécier tel ou tel enfant en particulier. Elle est préparée à recevoir tel petit, d'abord un après-midi, de temps en temps, les jours de congés, puis davantage. Voilà ce qu'on peut prévoir pour que les enfants ne se sentent pas à vie des êtres assistés mais des citoyens, en relation personnelle avec d'autres. C'est exactement comme une famille naturelle où l'enfant peut être infantilisé jusqu'à sa majorité. S'il n'a pas de quoi donner à des familles amies et s'y faire personnellement des amis, alors il ne peut pas être reçu ailleurs sans faire les quatre cents coups et se rendre indésirable. Il se sent inférieur, alors il faut bien qu'il se montre, qu'il montre que le nourrisson qu'il est encore est quelqu'un d'important. C'est le résultat d'une éducation qui a fait de lui un objet et non un sujet. Et ce n'est pas la peine non plus de raconter à ces familles l'histoire détaillée de l'enfant. Lui-même, s'il se sent en confiance et s'il connaît son histoire, la racontera s'il le veut. Cependant, il est toujours nécessaire de dire à un enfant son histoire, depuis l'âge où il est né jusqu'à l'âge où on lui parle. Si jeune soit l'enfant, elle doit lui être dite s'il veut la raconter, au besoin en la déformant, c'est son droit. Bien des enfants dans leur famille fabulent leur histoire. Vous n'avez à dire la vérité de cet enfant qu'à lui-même.

L'ABANDON-L'ADOPTION

M. WEILLER-BONDON : *C'est autour des problèmes de l'abandon que l'accent a été mis dans les débats relatifs à l'adoption.*

Désir de maternité, désir d'enfant : en quoi ces désirs se recoupent-ils, en quoi se différencient-ils? Que se passe-t-il pour une femme qui a porté un enfant, lui a donné naissance et ensuite l'abandonne? Que se passe-t-il dans sa tête à elle? Que se passe-t-il dans la tête de l'enfant? Quelle est la nature de l'aide que peuvent apporter les différents intervenants?

L'abandon laisse une cicatrice chez la mère comme chez l'enfant. Peut-on guérir un enfant d'avoir été abandonné ou d'avoir été adopté?

A propos des impératifs de secret qui entourent l'abandon, de quelle vérité a besoin l'enfant, quand et pourquoi? Nous avons pris conscience collectivement d'avoir mythifié cette notion de secret. Comment peut-il en être autrement?

A propos de l'adoption, en quoi peut consister la sélection des parents adoptants? Que dire de l'assimilation « *adoptions-naissance et rédemption* »? *Quels moyens pourrait-on mettre en place pour que nos services ne puissent plus être une fabrique d'enfants* « *sans sexualité* », *dans les deux sens du terme.*

Est-ce que l'adoption d'enfants étrangers pose des problèmes particuliers?

Peut-on véritablement parler de consentement à l'adoption de la part d'un enfant en bas âge? Si oui, comment peut-on l'y préparer? L'enfant a-t-il le droit ou non de contester son adoption? Peut-on évaluer pour lui son intérêt et comment? Que penser d'une conception qui ferait de l'adoption un amour remède ou un amour obligatoire?

La dernière question porte sur l'abandon judiciaire. Comment peut-on en apprécier le retentissement sur l'enfant lorsqu'il y a délaissement ou mauvais traitements?

F. Dolto : Pour étudier ces questions, il faudrait à mon avis que vous soyez aidés à la fois par des adultes qui ont été des enfants adoptés et des adultes sans famille, qui n'ont pas été adoptés. Il faudrait aussi, dans une telle commission de recherches sur ces questions, des parents adoptifs et d'autres. Je ne pense pas qu'on puisse travailler la question des enfants adoptés « en général », sans qu'il y ait, dans chaque région si possible, au moins deux femmes et deux hommes de chaque mode d'élevage, adoptés, non adoptés, élevés en institution, si possible de niveaux sociaux et culturels différents pour avoir une diversité. Il ne faut pas qu'il y ait une seule personne adoptée et un seul père ou mère adoptif dans la commission de recherches.

Comment voulez-vous parler au nom des enfants adoptés, si vous-même n'êtes pas un enfant de la D.D.A.S.S. qui n'a pas été adopté et qui aurait désiré l'être, ou un enfant qui a été adopté et qui a vécu ce que c'est?

Moi, je peux vous parler du point de vue du thérapeute d'enfants adoptés qui ont eu des difficultés. Mais ni plus ni moins que les enfants qui ne l'ont pas été, pour la bonne raison que nous avons tous, enfants et parents et parents géniteurs de nos enfants, à nous entre-adopter. Il y a bien des enfants naturels qui n'ont pas été adoptés par leurs parents, ils voulaient un enfant mais... pas comme celui-là! Ils ne savaient pas ce que c'était que d'avoir un enfant. L'enfant que l'on désire est un enfant imaginaire dont on rêve d'être les parents depuis que l'on était soi-même enfant, mais ce n'est pas du tout celui qui vous est donné par la nature.

Quelqu'un me disait ce matin : « Il paraît inconcevable qu'une mère qui a porté jusqu'à la naissance son enfant ne veuille pas ensuite s'en occuper. » Pourtant, si elle est évoluée et même très évoluée, c'est tout à fait pensable puisque, justement, étant très évoluée, elle sait ce qu'elle a à donner à cet enfant, comme à n'importe quel enfant, et qu'elle ne peut pas le lui donner : la joie, pour un enfant par exemple, d'aimer la famille du père ou même la famille de sa mère, elle ne peut pas la lui donner quand elle-même est en froid, ou brouillée avec sa belle-famille ou sa propre famille. C'est donc déjà, du fait de sa mère, un enfant carencé lorsqu'il naît. Ou alors elle ne peut pas dire à sa famille qu'elle a eu cet enfant, ou elle ne peut pas le lui confier, de même qu'elle ne peut pas le confier en sécurité à la famille du père.

Cet enfant n'aura donc personne, en dehors de son unique mère, pour le faire vivre tout le temps de sa petite enfance. Aucun enfant ne peut naître à la vie humaine, qui est sociale d'emblée, s'il n'est pas accueilli par au moins une famille et, en cas de carence de la mère, par une famille qui se sente impliquée. Cette famille, c'est la famille maternelle ou la famille paternelle et bien sûr, c'est le mieux quand il y a les deux. S'il est en fait élevé par une mère célibataire, il est nécessaire pour lui d'avoir aussi au moins une famille d'accueil, c'est-à-dire une famille nourricière. Si cette mère reprend son enfant, elle doit y être préparée par le ou la responsable du service social au fait qu'elle ne peut pas l'élever elle-même seule, sans nuire au développement ultérieur de cet enfant. Mais elle ne doit pas croire que la famille nourricière ou d'accueil suffit. Son enfant continue d'avoir besoin de la voir et il faut lui faciliter les déplacements.

Je crois qu'une famille nourricière, éventuellement adoptante au cas où des affinités réciproques s'établiraient entre l'enfant et elle, est à ce moment-là très importante. C'est une famille qui sait que cet enfant pourra être repris par sa mère gestante, mais seulement si elle est venue le voir et que l'enfant, non seulement la connaît, mais l'aime. Cette reprise doit se faire progressivement. Dans certains cas, c'est la mère qui aura à payer tous les mois la nourrice. Surtout qu'elle ne sépare pas cet enfant brusquement de cette famille qui l'a élevé avec amour. Il faut que la mère sache tout cela et que l'enfant puisse un jour retrouver, s'il le désire, cette famille qui a aidé sa mère et lui à vivre au début de sa vie.

On comprend très bien qu'une mère très évoluée dise : « Je sais que je ne peux pas donner à cet enfant ce qui est nécessaire à un être humain pour vivre; alors j'aime mieux le donner à la société, j'aime mieux le donner à adopter. » Si ces mères étaient sûres que l'enfant était vraiment élevé en famille, aimé, sinon tout à fait adopté, je suis sûre qu'elles auraient le courage de cet acte d'amour : donner la vie sociale après la vie physique; elles accepteraient alors bien mieux la douleur de l'abandon; car c'est toujours une douleur, même si elles ne le montrent pas ou si elles veulent le nier. C'est toujours une douleur pour l'inconscient d'une mère de ne pas pouvoir garder pour l'élever cet enfant qu'elle a porté et à qui elle a donné la vie.

J'ai entendu dire par des hommes : « Moi j'ai certainement dû avoir cinq ou six enfants dans la vie... Ils doivent être très beaux maintenant. » Les hommes qui ont engendré ainsi plusieurs enfants dans des étreintes passagères sont fiers et même heureux de penser qu'ils ont fait descendance avec des mères auxquelles ils ont donné ces enfants, sans faire attention, à une époque où ils étaient jeunes et paternellement non responsables. Il est curieux d'observer que ces pères sont ainsi très contents d'imaginer qu'ils ont mis dans le circuit de la vie des enfants dont ils aiment à se convaincre qu'ils sont sûrement très bien. Ils pensent à eux en gonflant le jabot, avec le sentiment de la fécondité réussie.

G. CHAPELLIER : *Nous sommes 14 p. 100 d'hommes dans cette salle... Vous nous écrasez !*

F. DOLTO : Je suis simplement en train de dire que cet instinct du père est d'être fier de sa descendance, même si on n'a pu l'élever, même si on n'a pas pensé qu'on aurait pu le faire. C'est inhérent à l'être humain d'être fier d'avoir contribué à la vie, ne fût-ce qu'à la vie physique. Les parents adoptifs auxquels vous avez affaire ne peuvent pas avoir ce genre de fierté. Pour eux, il s'agit d'un désir de donner la vie sociale, la vie humaine de langage et d'amour. Il y a là désir d'élever un enfant comme son propre enfant, d'en être responsable toute leur vie. C'est beaucoup plus que la vie physique et cela demande d'autres qualités que celles de géniteur et génitrice.

Il faut que l'enfant soit adopté par les deux familles de ses parents, c'est très important non pas à cause de questions d'argent ni de commodités matérielles. L'enfant fait naître l'argent, il fait naître le travail aux parents, il fait naître l'amour nécessaire au sacrifice de leur liberté, nécessaire à supporter les soucis de l'éducation, à commencer par le souci quotidien de parents nourriciers. Comme dit le proverbe : « Petit enfant, grands soucis. » Comme tout proverbe, il contient sa part de vérité mais il faut y ajouter aussi « joies après soucis ».

Si des parents veulent accueillir un enfant déjà éduqué, déjà en partie élevé, c'est-à-dire un enfant de deux ans et demi et au-delà, certains phénomènes peuvent se produire. Je connais un cas où l'enfant est redevenu sale, quelle merveille! et j'ai dit aux parents venus consulter, inquiets : « Comme vous avez de la chance! » J'ai dit à l'enfant : « Tu as voulu que ta maman soit ta maman depuis le moment où tu ne savais pas encore être propre, c'est beaucoup mieux ainsi. » Cet enfant a fait une régression pour aimer sa mère adoptive depuis son âge de neuf à dix mois. C'est ainsi que vous pouvez aider une famille adoptive, en lui expliquant ces choses. Qu'on le dépiste ou non, l'enfant déjà développé fait toujours une régression lorsqu'il est adopté, il faut l'en féliciter et le dire à ses parents. A partir de ce moment-là, les choses s'arrangent très bien, mais cela suppose que l'adoption soit bien admise et même demandée par l'enfant. A partir de dix-huit mois, un enfant qui sait que ses parents de naissance n'ont pas pu l'élever et que c'est pour cela qu'il est dans une pouponnière, cet enfant sait qu'il y a des papas et des mamans qui, eux, n'ont pas pu avoir un enfant vivant. Eux pourraient l'élever alors que son père et sa mère de naissance ont eu un enfant vivant; vous ne savez peut-être pas pourquoi, mais eux ne pouvaient pas l'élever, mais ils l'ont aimé assez pour le laisser naître et le confier à élever par d'autres. Maintenant que ses parents de naissance l'ont donné tout à fait, il peut être adopté, mais à condition que lui-même le veuille aussi. C'est ainsi qu'on peut présenter la chose à un enfant.

Les enfants disent : « Je voudrais bien trouver un papa et une maman », il faut étudier avec lui ce que signifient pour lui ces mots. Qu'est-ce que cela veut dire être adopté? Cela veut dire d'abord un papa et une maman; cela veut dire aussi toute une famille : des grands-parents, des oncles et tantes, des frères et sœurs, des cousins. Il y a aussi la question du nom de ce couple. Si ses parents adoptifs lui donnent leur nom, c'est qu'ils veulent l'aimer comme s'il était sorti de leur corps, comme leur enfant de naissance aurait porté leur nom pour être la suite de leur famille. Tout cela doit être expliqué, en prenant tout le temps nécessaire. Il ne faut jamais mettre l'enfant devant le fait accompli simplement parce qu'il a dit : « Je veux un papa et une maman. »

La chose principale à étudier, c'est l'adoption par les deux lignées, exactement comme dans une famille naturelle. L'enfant d'une famille naturelle peut être très malheureux, plus malheureux même qu'un enfant adopté.

En effet, lorsque sa mère est brouillée avec sa propre mère au point que cet enfant ne peut pas connaître et avoir de l'amitié avec sa famille maternelle ou de la même façon du côté de la famille du père, il est vraiment hémiplégique symboliquement. Ne faisons pas cela avec les enfants adoptés. Il sera bien temps s'il y a des remous plus tard, il ne faut pas commencer par une brouille.

Et puis vous dites : « Comment guérir d'avoir été abandonné? » Tout dépend. Pourquoi faudrait-il lui donner la maladie symbolique de ce qu'il n'a pas eu au point de vue physiologique? C'est au contraire une intelligence du cœur de la part de sa mère d'avoir su qu'elle ne pouvait pas l'élever, ou qu'elle aurait pu le voir seulement une fois de temps en temps, de loin en loin. Ce n'est pas ça, une mère.

Mais il y a ce mot d'*abandon.* Il faut arriver à faire modifier le nom de cette procédure dite « d'abandon » pour en faire une procédure légale de don de son enfant à la société, à travers une famille d'accueil qui l'attend et qui est prête à donner sa place à cet enfant; momentanément peut-être, mais si, au jour le jour, il se tisse entre eux une relation de vie autant pour les parents que pour l'enfant, l'adoption ne sera qu'un mot légal sur un état de fait, un processus déjà vivant. L'adoption écrite, c'est un signe de quelque chose qui existe; il ne faut pas mettre l'adoption sur le papier avant qu'elle n'existe par les liens réciproques enfants adoptés-parents adoptants.

De même pour un mariage, on se marie parce qu'on est déjà marié de cœur et d'esprit. S'il n'y a pas d'empêchements des deux côtés, ni légal ni *a priori* dans la réalité, un mariage a alors un sens. Autrefois, on parlait de fiançailles. C'était justement une façon de s'éprouver mutuellement pour savoir si on était au point pour « compagnonner » et, éventuellement, pour que les deux lignées puissent se reconnaître dans les enfants qui naîtraient et s'en sentir responsables en cas de malheur, en cas de mort des parents géniteurs.

C'est la même chose pour un enfant adopté. Les parents génétiques sont des parents qui de toute façon ont à adopter leur enfant et l'enfant lui aussi a à les adopter. Cela ne se dit pas mais c'est vrai.

Amour remède ou amour obligatoire? L'amour, c'est ce qui nous rend libre, alors cela n'est pas un remède; l'amour, c'est un fait. Il y a ou il n'y a pas d'amour, comme on le disait au sujet des pôles : il y a attraction pôle nord-pôle sud. L'amour, c'est une attraction mutuelle, c'est une attraction créatrice d'une vie tous les jours renouvelée. C'est cela, l'amour. Et quand il s'agit d'amour parental, c'est un amour chaste. C'est aimer un enfant pour lui-même, pour que lui-même soit heureux et puisse aimer les autres, et pas seulement ses parents proches. Alors « remède » ou « obligatoire », je ne sais pas! C'est la prison, c'est la greffe, mais ce n'est pas la relation entre des enfants que des parents aiment au jour le jour par les preuves et les joies qu'il leur donne. « Remède », ce sera une prothèse, une chose compensatrice. « Obligatoire », ce sera incompatible avec l'amour qui est lien vivant, qui laisse la liberté d'aimer ailleurs.

C'est difficile à vivre et les parents adoptifs le sauront bien assez à temps s'ils sont aidés par quelqu'un pour passer les difficultés du début, celles dont je vous ai parlé, qui sont par exemple la régression de l'enfant. On leur donne un enfant propre et parlant bien, et voilà qu'il se met à grogner et à faire pipi partout! J'ai dit que c'était une chance puisque cet enfant marquait ainsi son espace dans cette famille et redémarrait depuis l'âge de huit ou neuf mois. Je dis que la régression est un symptôme positif, très souvent. Lorsque les enfants propres arrivent à l'école et se salissent, hélas, on les rejette alors que c'est un très bon signe, ils établissent ainsi leur territoire et tout va très bien marcher si on ne leur fait pas honte de cela. Ils ont fait une régression, comme un ballon qui est tombé pour remonter plus haut.

Bien sûr, il faut aider une mère qui connaît une situation pareille, mais il y a des parents qui sont capables d'adopter un enfant de deux, trois ou quatre ans alors qu'ils sont incapables et pas prêts du tout pour adopter un nourrisson.

Il faut étudier avec quel âge ils ont des affinités, avec quel âge d'enfants ils se plaisent le mieux. Il faut expliquer à un couple qu'il doit d'abord commencer à recevoir un ou plusieurs enfants le week-end, à parrainer; qu'il se groupe avec des familles où il y a des enfants et qu'il tâche de voir avec quel niveau d'enfant il se sent le plus à l'aise.

Je me rappelle une famille que j'ai reçue à Trousseau en vue de l'adoption d'une enfant que j'y avais soignée. La petite fille marquait une véritable terreur du chien du monsieur. A cause de cela, on demandait au monsieur de se débarrasser de son chien, qui était depuis quatre ou cinq ans dans la famille et que cet homme aimait. J'ai dit à la petite : « Si tu veux être adoptée par monsieur ou madame Un tel, il faut que tu adoptes ce monsieur avec son chien. Si tu ne veux pas être adoptée par monsieur et madame Un tel, ils ne t'adopteront pas. Il n'y a aucune raison pour que monsieur Un tel se débarrasse de son chien parce que tout simplement tu en as peur. » Le dimanche suivant, l'enfant était devenue la meilleure amie du chien. C'est incroyable, les ukases que l'on donne à des parents adoptifs! Si l'enfant veut être adopté, il faut qu'il donne de lui-même aussi. Dans le cas que je viens de vous rapporter, il s'agissait d'une enfant qui avait deux ans et demi. Les enfants savent très bien s'ils veulent être adoptés ou pas. S'ils le veulent, il faut qu'ils y mettent du leur.

C'est un peu plus jeune, quand ils ne parlent pas très bien, qu'ils font des régressions fonctionnelles. A cet âge-là, deux ans et demi et plus, ils décrètent des choses du genre : « Oui, je veux bien être adopté mais je ne veux pas du chien » et le pauvre homme enfermait sa bête dans la voiture le dimanche quand il sortait l'enfant. J'ai dit à ces gens : « Vous n'allez pas tourner en bourrique autour de cette enfant, c'est à elle de vous encaisser comme vous êtes et, si elle ne vous accepte pas, tant pis pour elle. » Ça a marché tout de suite.

Je ne sais pas pourquoi on veut des parents extraordinaires, qui ne seraient pas des êtres humains à part entière : qui ne s'aimeraient pas, qui n'auraient pas d'amis, qui donneraient toute la place à ce nouvel enfant roi. Ce n'est pas cela la vie. Vivre avec un couple qui a des relations de couple, qui n'hésitera pas à mettre l'enfant en colonie de vacances quand il a envie de faire un tour seul comme les parents géniteurs, c'est cela qu'il faut à un enfant adopté. On voit des parents qui sont figés sur le fait qu'il faut absolument qu'ils ne s'occupent que de cet enfant, ce qu'ils n'auraient jamais fait pour le leur. Il ne faut pas qu'ils vivent avec celui-là, sous prétexte qu'il est adopté, comme eux-mêmes ne l'auraient jamais fait avec leur enfant de naissance.

Je pense aussi que les parents adoptants ne doivent

pas changer leur manière de vivre sous prétexte qu'ils adoptent un enfant. Avant d'adopter, il faut qu'ils aient un ou plusieurs enfants avec eux le dimanche, ou un autre jour, pour savoir ce que c'est. Si je dis plusieurs, c'est qu'il faudra que leur enfant en voit et en reçoive d'autres.

Il faut absolument supprimer les mots « abandon » et « abandonné ». Disons « parents de naissance », « parents nourriciers ». A partir de ces situations de fait, on évolue ensuite vers l'adoption. Il faut aussi savoir si le prénom que porte l'enfant peut être accepté par les parents et, cela, dans les deux lignées. Quand on dit : « Il ne faut " jamais " changer le prénom », moi je dis que c'est aussi une bêtise. Je pense à une famille où, de père en fils, on portait le prénom du grand-père. L'enfant n'était donc vraiment adopté qu'après avoir changé de prénom. Au début, on peut retenir les deux prénoms et l'enfant choisit. Le fait que sur l'état civil il porte le prénom que lui ont donné ses parents adoptifs est la preuve que, dans les deux lignées, il y a des accessions à tout. Mais il faut que cette accession valorise symboliquement l'enfant par rapport à la lignée du père. Il est préférable que l'enfant garde le prénom avec lequel il a commencé à se socialiser en nourrice ou en institution. Ça ne doit pas être seulement pour le plaisir qu'on peut changer ce prénom. Il faut en parler avec les parents et leur dire : « Cet enfant est déjà connu sous ce phonème; ajoutez-lui un autre prénom, si vous voulez, mais ne supprimez pas le premier tout de suite. Vous verrez comment lui-même choisira en grandissant. » C'est la même chose dans les familles dites « naturelles ». Vous savez très bien qu'il y a des moments où vous auriez aimé pouvoir changer de prénom. Quant à son nom, s'il a déjà un patronyme, il faut qu'il puisse le garder aussi et, plus tard, à sa majorité, on verra celui qui tombera, ou s'il désire garder les deux.

Je ne connais pas assez bien ces histoires sur l'adoption, mais je pense qu'il faudra les faire évoluer par rapport à tout ce travail qu'on devra faire dans l'étude de ces questions. Surtout, il faudra de la souplesse. Dans ce domaine, les choses ne se décrètent pas. Il faudra voir avec des enfants qui ont été des enfants adoptés ou des adultes qui sont des adoptants, qui ont l'expérience des difficultés qu'ils ont connues et pourront ainsi apporter un précieux témoignage. On ne peut pas dire d'emblée qu'il y a une réponse générale. Chaque enfant est différent, chaque famille adoptive est différente.

L'abandon judiciaire qui est infligé par la société en cas de délaissement ou de mauvais traitements à une famille et à son ou ses enfants est quelque chose de très grave. Ce retrait devrait être toujours temporaire, renouvelable et il ne faudrait jamais parler d' « abandon judiciaire ».

Je crois que cela est très dangereux pour ce père et cette mère, homme et femme en devenir, et surtout pour leur descendance. C'est un blâme moral que l'on inflige aux géniteurs, mais qui touche inconsciemment l'enfant dans ses racines. On fait une constatation de carence de fait, mais qui n'est peut-être pas du tout blâmable moralement. On n'en sait rien. Alors pourquoi pas une assistance judiciaire temporaire? Pourquoi ce mot « abandon », pourquoi retrait du droit de se rencontrer, du droit à se voir, à savoir qui sont ses parents et pour ces parents le droit de savoir ce qu'est devenu cet enfant qu'ils ne savaient ou ne pouvaient assumer ni éduquer.

Bien sûr, quand des parents sont condamnés tous les deux à quinze ans de prison, il va falloir que l'enfant soit élevé par quelqu'un d'autre. Mais pourquoi ne pas dire à l'enfant qu'il faut bien que quelqu'un d'autre l'éduque parce que ses parents sont en prison? Cela peut être un secret entre le juge, le pédo-psychiatre et l'enfant. Pourquoi, s'il a l'âge de comprendre, une personne de la D.D.A.S.S. ne l'accompagnerait-elle pas s'il le désire voir son père et sa mère en prison, ou en hôpital psychiatrique? Je suis sûre que même dans les lois actuelles il y a des possibilités d'humaniser ces choses.

Il faut que chacun réfléchisse, et réfléchisse avec l'enfant et la famille de l'enfant en question.

Il y a des mères qui sont mises *en situation* d'abandon parce que le premier enfant est placé en nourrice à quinze kilomètres au nord de Paris et que le deuxième est placé à quinze kilomètres au sud. Comment voulez-vous qu'une femme qui a très peu d'argent et peu de santé passe son dimanche à aller voir dans ces conditions chacun de ses deux enfants? Pourquoi les D.D.A.S.S. ne s'arrangent-elles pas à grouper les enfants d'une même famille dans le même endroit, à quelques centaines de mètres les uns des autres? Dès le départ, on sait que cette femme a eu un premier enfant qui est déjà dans une famille d'accueil, qu'elle ne veut pas l'abandonner et qu'elle file le voir aussi souvent qu'elle peut. La maman vit avec l'espoir de reprendre son enfant. Si elle en a un deuxième, elle voudrait les voir tous les deux, mais ils sont à plusieurs kilomètres l'un de l'autre! Pourquoi n'est-il pas possible, quand la directrice de la pouponnière apprend qu'il y a déjà un ou plusieurs autres enfants, d'aplanir les difficultés géographiques de rencontre qui se posent à cette famille? Est-ce l'intérêt des enfants que la mère ne puisse pas les voir ensemble? Je ne sais pas comment cela se passe mais on s'aperçoit depuis longtemps que l'on ne fait rien. On dirait que chaque groupe de l'institution D.D.A.S.S. exerce un droit de possession sur l'enfant qu'il a à connaître, que ce n'est pas l'intérêt réel de cet enfant qui est sa motivation de travail, mais plutôt ce qui est le plus commode administrativement! Les conséquences en sont pour l'enfant identiques à celles qu'il connaîtrait dans une famille carencée, de celles, justement, pour lesquelles on décréterait un retrait judiciaire...

Je ne sais pas ce qui se passe dans cette absence de coordination. Est-ce fait exprès ou non? Dans tous les cas, cela aboutit au délaissement des enfants qui finalement ne sont ni adoptés ni adoptables et à des difficultés très grandes. L'enfant n'est pas abandonné mais, dans la réalité, il est de fait impossible à ses parents de le voir suffisamment souvent et dans des conditions qui établiraient des liens symboliques affectifs.

Il faut penser à ces problèmes pratiques et surtout, autant que possible, ne jamais séparer les frères et sœurs, au moins géographiquement. Même élevés séparément, il est très important qu'ils se rencontrent. Ils représentent, chacun d'eux pour l'autre, la cohésion du père et de la mère. Quand un drame arrive, pourquoi les sépare-t-on ? Pourquoi ne donne-t-on pas l'adresse de chacun à tous, même de ceux qui ne savent pas encore écrire ? Pourquoi ne pas s'arranger pour qu'au moins aux vacances ils puissent se rencontrer dans les mêmes lieux ? Pour que ces choses-là puissent se faire, il faudrait dans chaque D.D.A.S.S. une coordination sous forme d'un petit commando de travailleurs sociaux dont ce serait le travail, celui du maintien des liens relationnels !

Conclusion

Comment conclure? Personnellement, j'ai beaucoup appris et chacun de nous peut, je crois, en dire autant. Nous avons appris qu'un être humain a sa compréhension symbolique dès le jour de sa naissance, mais que l'individuation physique se fait lentement, dans une ambiance accompagnée d'amour; que l'individuation psychique se délivre par la parole vraie et que l'individuation civique se fait plus lentement encore, longtemps après. Cela ne peut pas changer si toutes les personnes qui s'occupent d'enfants ne les reconnaissent pas comme individus dès l'origine, enracinés dans leurs parents de naissance et comme individus déjà citoyens, en devenir d'homme ou de femme. Nous avons appris aussi que l'éducation avant trois ans doit viser à l'acquisition de l'autonomie physique dans l'espace, au fur et à mesure de la croissance de l'enfant en construisant au jour le jour le pont de la parole pour qu'il puisse en sécurité se libérer de l'assistance physique d'autrui. L'enfant est alors tout à fait capable de cette individuation, aidé par la société quand on est obligé de l'assister, par l'intermédiaire de personnes à lui attentionnées, qui, avec des mots, lui font comprendre ce qui arrive à sa famille. Dès trois ans et surtout à partir de cinq ou six, l'enfant peut assumer toutes les épreuves quand elles lui sont expliquées sans que jamais ses parents n'en soient rendus coupables ni lui-même culpabilisé.

L'important, c'est le continuum dont il lui reste un témoignage du fait de ces personnes disparates qui se sont occupées de lui, mais parlent les uns des autres en se nommant, qui ont su se passer le relais, et en ont laissé des traces. C'est l'enfant lui-même qui prend alors en charge son histoire, qui la dit ou ne la dit pas, à partir du moment où il peut communiquer avec autrui. C'est cela qui est important à retenir dans tout ce que je vous ai dit.

Tous, nous avons appris quelque chose; nous avons appris à quel point, quand on se sent la vocation de vivre avec les humains pour les aider à mieux vivre, notre propre histoire est constamment remise en question et que ce n'est pas par hasard si l'on s'occupe des êtres humains.

Dans notre passé, pour chacun de nous, quelque chose fait que nous avons souffert à d'autres niveaux et nous voudrions aider ceux que nous approchons à mieux surmonter les souffrances qui sont les leurs. Ce qui ne veut pas dire les camoufler, les endormir ou les colmater. C'est aider matériellement, parfois, mais surtout c'est mettre des mots justes sur la souffrance, en expliquant les faits dans leur vérité. Évidemment, cela pose le problème de ce que nous sommes chacun. J'espère qu'ici vous comme moi avons encore mieux compris la grande responsabilité qui est la nôtre aujourd'hui. Pour aider la population montante à éviter les erreurs que nous avons faites et que nous faisons encore, nous devons faire confiance à la vie, aussi bien à la vie qui est en nous qu'à celle qui est en ceux que nous approchons.

Association nationale des personnels de l'Aide sociale à l'enfance

Objectifs

L'A.N.P.A.S.E. a pour but :

— de regrouper au niveau régional les personnels de l'Aide sociale à l'enfance;

— d'unir et d'aider les membres de l'Association sur le plan professionnel en dehors de toutes préoccupations politiques, syndicales et confessionnelles;

— de contribuer à l'organisation de leurs professions sur les plans administratif et technique;

— de participer sur les plans éducatif et technique à l'évolution et à l'amélioration du fonctionnement du service de l'Aide sociale à l'enfance;

— de promouvoir et d'organiser des actions de formation ou de perfectionnement au titre de la formation professionnelle continue dans le cadre de l'éducation permanente.

Personnels intéressés

Tous les personnels qui concourent au sein de la Direction des affaires sanitaires et sociales, à la protection de l'enfant et de la famille (A.S.E.-Prévention...), qu'ils soient administratif (cadre A, B, C, D), techniciens et travailleurs sociaux des services ou des établissements, médicaux ou para-médicaux, psychologues ou assistantes maternelles, dans le cadre du secteur public ou assimilé.

Membres associés

Sont adhérents au titre de membres associés tous les personnels exerçant leur activité en relation avec l'A.S.E.

Réalisations

Congrès et journées nationales d'études

« Le rapport Dupont-Fauville », cinq ans après, Versailles, 1977.

« Quel projet pédagogique départemental pour l'A.S.E.? », Dijon, 1979.

« Objets de soins et de mesures ou personnes en devenir? Les enfants de zéro à six ans et l'A.S.E. », Bordeaux, 1980.

« L'enfant séparé de sa famille », Colmar, 1981.

Participation aux divers travaux d'organismes nationaux

C.T.N.E.R.H.I., Confédération française des professions sociales, U.N.A.R.

Journées nationales d'études catégorielles : assistantes sociales, éducateurs, psychologues, inspecteurs.

Publications

L'Aide sociale à l'enfance? Questions, Éditions sociales françaises. 1980. *Bulletin d'information :* il se présente sous forme d'un dossier avec des feuillets de classement décimal pour permettre un classement personnel selon les rubriques. Il informe sur les derniers textes importants publiés ou non, publiés au Journal officiel ou au B.O., sur des opinions personnelles, sur des travaux de recherche de commissions nationales ou régionales, sur des témoignages ou des expériences, sur les vacances de postes.

L'A.N.P.A.S.E., située hors du contexte hiérarchique, se veut : lieu libre d'échange et de parole, moyen privilégié de circulation de l'information, instance pluridisciplinaire de travail et de recherche, pour tous les personnels administratifs, techniques et les familles d'accueil qui apportent leur concours aux tâches de l'Aide sociale à l'enfance, dans la perspective d'une action globale en faveur de l'enfant et de sa famille.

Siège social national : 93, rue d'Esquermes, 59000 Lille.

Achevé d'imprimer le 4 avril 1986
sur presse CAMERON,
dans les ateliers de la S.E.P.C.
à Saint-Amand-Montrond (Cher)
pour le compte des Éditions Stock
14, rue de l'Ancienne-Comédie, 75006 Paris

Imprimé en France

Dépôt légal : avril 1986.
N° d'Édition : 626. N° d'Impression : 661.
54-20-3156-03

ISBN 2-234-01514-6

54-3156-4